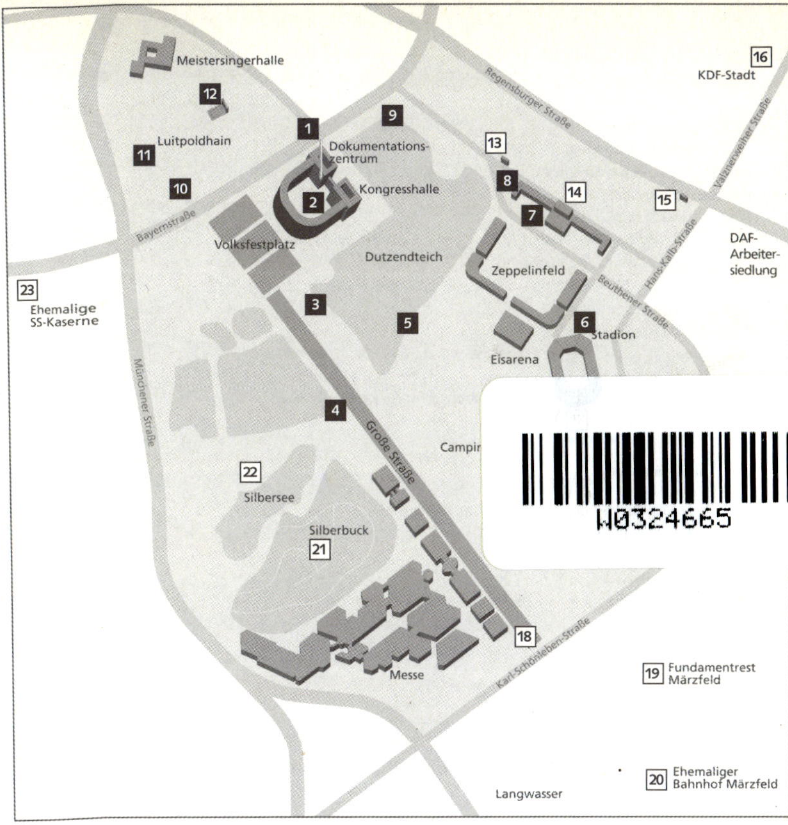

Informationstafeln

Unser Rundgangsvorschlag (Dauer etwa 2 Stunden) erschließt über die Tafeln 1 bis 12 die wesentlichen Teile des Geländes.

- **1 Dokumentationszentrum Reichsparteitagsgelände**
- **2 Innenhof Kongresshalle**
- **3 Volksfestplatz**
- **4 Grundstein Deutsches Stadion**
- **5 Dutzendteich**
- **6 Stadion**
- **7 Zeppelintribüne**
- **8 Zeppelinfeld**
- **9 Gaststätte Wanner**
- **10 Luitpoldhalle**
- **11 Luitpoldhain**
- **12 Ehrenhalle**
- **13 Ehemaliger Bahnhof Dutzendteich**
- **14 Zeppelintribüne Rückseite**
- **15 Umspannwerk/ DAF-Arbeiterunterkünfte**
- **16 KdF-Stadt**
- **17 Stadionbad**
- **18 Große Straße**
- **19 Fundamentrest Märzfeld**
- **20 Ehemaliger Bahnhof Märzfeld**
- **21 Silberbuck**
- **22 Baugrube Deutsches Stadion/ Silbersee**
- **23 Ehemalige SS-Kaserne**

BILDNACHWEIS

Archiv Foto Marburg: Titel, S. 35
Bischof & Broel, Nürnberg: S. 57
Deutsche Wochenschau GmbH: S. 3, 65
Christine Dierenbach: S. 45
Ernst Gortner: S. 58 u.
Geschichte Für Alle e.V. - Institut für Regionalgeschichte, Nürnberg: S. 6, 7, 9, 15, 16, 17 m., 40 u.r., 42, 43, 25, 27 o., 47 o., 31 o., 32, 33, 34, 37, 38, 39, 59, 48, 49, 55 u., 60 u., 62, 65 o., 69 m., 69 u.
LiPopp/Stingl: S. 1
KZ-Gedenkstätte Flossenbürg: 27 u.
Max Körner: S. 18 o.r., 22 o.r., 24 o.r., 30 o.r., 32 o.r., 40 o.r., 46 o.r., 48 o.r., 73 o.
museen der stadt nürnberg, Dokumentationszentrum Reichsparteitagsgelände: S. 16, 17 o., 17 u., 21 u., 23 o., 26
Bestand Uwe von Poblocki: S. 14, 41, 21 o., 55 m.
Erika Sanden: S. 50, 51
Stadtarchiv Erlangen: S. 55 o.
Stadtarchiv Nürnberg, Bild-, Film- und Tonarchiv: Umschlag hinten o., S. 8, 10, 29 o., 29 m., 40 u.l., 44, 19, 20, 23 u., 47 u., 31 u., 36, 56, 69 o., 70
Stadtbibliothek Nürnberg: S. 11, 12, 13
Sammlung Markus Urban: S. 66, 67
wbg Nürnberg GmbH Immobilienunternehmen: S. 46, 52, 53

Die Drucklegung wurde gefördert durch das Kunst- und Kulturprogramm der Bundesregierung zur FIFA WM 2006™, den Beauftragten der Bundesregierung für Kultur und Medien, den Kulturfonds Bayern und die Stadt Nürnberg.

SANDBERG VERLAG

Wiesentalstraße 32
90419 Nürnberg

www.geschichte-fuer-alle.de
info@geschichte-fuer-alle.de
Telefon 0911-307360
Fax 0911-3073616

Gestaltung: Norbert Kühlthau, Nürnberg
Druck: Druckhaus Oberpfalz

Nürnberg 2006

ISBN 3-930699-45-1 (deutsch)
ISBN 3-930699-47-8 (englisch)

Alexander Schmidt
Markus Urban

REICHS-PARTEITAGS-GELÄNDE NÜRNBERG

Kurzführer

Historische Spaziergänge 4

Herausgegeben von
Geschichte Für Alle e.V. – Institut für Regionalgeschichte
in Kooperation mit der Stadt Nürnberg

Rundgangsvorschlag:

Kapitel

EDITORIAL

Das ehemalige Reichsparteitagsgelände

Geschichte als Spaziergang

Das weitläufige Areal im Süden Nürnbergs, auf dem sich die Relikte der monumentalen Kulissenarchitektur für die nationalsozialistischen Reichsparteitage erhalten haben, ist heute wieder Nürnbergs größtes Freizeit- und Erholungsgelände – mit Seen, Parkanlagen, Fußballstadion, Eishockeyarena und Autorennstrecke. Entsprechend viele Einheimische und Besucher werden daher bewusst oder unbewusst mit den NS-Bauten konfrontiert und wollen mehr über Funktion und Bedeutung der Architektur und die Parteitagsrituale wissen.

Als »Stadt der Reichsparteitage«, Verkündungsort der Nürnberger Rassegesetze und Schauplatz der Nürnberger Kriegsverbrecherprozesse ist Nürnberg mehr als andere Städte gefordert, sich mit seiner Geschichte auseinanderzusetzen: Die Eröffnung des Dokumentationszentrums Reichsparteitagsgelände und des angeschlossenen Studienforums im Jahr 2001 war dabei ein wichtiger Meilenstein. Seit 2006 macht ein umfassendes System von Informationstafeln das Gelände selbst zum »Lernort« und ergänzt die von Geschichte Für Alle e.V. bereits seit mehr als zwei Jahrzehnten erfolgreich angebotenen »Geländebegehungen«.

Der vorliegende von Geschichte Für Alle e.V. – Institut für Regionalgeschichte und der Stadt Nürnberg herausgegebene »Kurzführer« ermöglicht dem Leser nicht nur eine Erkundung des ehemaligen Reichsparteitagsgeländes auf eigene Faust und erschließt das neue Informationssystem, sondern vermittelt in kompakter Form auch Hintergrundwissen zum Thema.

Danken möchten wir allen Personen, die uns mit Bildern, Informationen und Kontakten unterstützten und nicht zuletzt dem Kunst- und Kulturprogramm der Bundesregierung zur FIFA WM 2006™, dem Beauftragten der Bundesregierung für Kultur und Medien, dem Kulturfonds Bayern und der Stadt Nürnberg, die die Drucklegung unterstützten.

Mai 2006
Bernd Windsheimer,
Geschichte Für Alle e.V. –
Institut für Regionalgeschichte

EINFÜHRUNG

Nürnberg in der NS-Zeit

Braune Kulisse und Ort der Abrechnung

Die Marschkolonnen von SA und SS beim Reichsparteitag 1934 degradierten die Altstadt zur Kulisse für die Reichsparteitage. Nürnberg wurde so zum Symbolort für das nationalsozialistische Deutschland und als »Stadt der Reichsparteitage« auch international bekannt, Fotografie 1934.

■ Aus gutem Grund wird kaum eine andere deutsche Stadt derart eindeutig mit dem Nationalsozialismus in Verbindung gebracht wie Nürnberg. Nicht nur die Reichsparteitage und deren mediale Vermarktung trugen zu diesem Bild bei, auch die hier verkündeten »Nürnberger Rassengesetze« von 1935 und Julius Streichers antisemitische Zeitung »Der Stürmer« haben Nürnbergs Ruf als besonders braune Stadt gefördert. Dass die Stadt mit den Nürnberger Prozessen schließlich auch zum Ort der Abrechnung mit dem Nationalsozialismus wurde, verdankt sie weitgehend dem Zufall – der Justizpalast mit dem dahinterliegenden Gefängnis war unzerstört geblieben. Da viele in dem Prozess eher eine Schande und ein Unrecht gegen die Deutschen sahen, wurde er in den ersten Nachkriegsjahrzehnten als Imageschaden missverstanden.

Obwohl Nürnberg längst eine moderne Industriestadt war, eignete es sich als Kulisse für die braunen Aufmärsche besonders gut: Die Altstadt innerhalb der vollständig erhaltenen Stadtmauern galt schon seit dem Ende des 18. Jahrhunderts als »des deutschen Reiches Schatzkästlein«. Gotische Bauweise und Fachwerk erinnerten an mittelalterliche Größe, Nürnbergs Geschichte bot zahlreiche Anknüpfungspunkte an das Heilige Römische

Rechts: Hitler nimmt auf dem Hauptmarkt den Vorbeimarsch von SA und SS ab, Illustriertentitel 1934.

Ganz rechts: Die Propaganda kombinierte Lichtdom und Nürnberger Burg zu einem Bild, Postkarte 1937.

Während der Reichsparteitage wurde Nürnberg von uniformierten Teilnehmern und Besuchern überschwemmt. Dies steigerte nicht nur die Bekanntheit der Stadt, sondern war auch eine wichtige Einnahmequelle, Fotografie Mitte der 1930er Jahre.

Reich Deutscher Nation. So schienen die nationalsozialistischen Marschkolonnen gut in die Nürnberger Altstadt zu passen, der Kirchenfeind Hitler postierte sich vor der Frauenkirche und in zahllosen Variationen verband die Bildpropaganda Hakenkreuze und nationalsozialistische Symbole mit Motiven der Altstadt. Das Reichsparteitagsgelände erschien in dieser Perspektive als das »Neue Nürnberg« und als Antwort auf vergangene Größe.

Weitgehend vergessen ist, dass es durchaus Widerstand, insbesondere aus der Arbeiterbewegung, in der »Stadt der Reichsparteitage« gab. Mehrere hundert Nürnberger waren Häftlinge im KZ Dachau und anderen Konzentrationslagern.

Zur Geschichte Nürnbergs im Nationalsozialismus gehören aber auch die Aggressivität und Gewalt, die schon seit den 1920er Jahren von der örtlichen NS-Bewegung unter der Führung von Julius Streicher ausgingen. Jüdische Nürnberger

Die Wochenzeitung »Der Stürmer« des Nürnberger Hauptschullehrers und Gauleiters Julius Streicher transportierte in bisher beispielloser Weise antisemitische Hetze und machte ihn mit Sonderauflagen zu den Reichsparteitagen und Massenabonnements ganzer Gliederungen der NS-Bewegung zum Millionär, Zeitschriftentitel 1937 und 1938.

empfanden die Atmosphäre in der Stadt als ausgesprochen feindselig, nicht nur wegen der Reichsparteitage, sondern vor allem wegen des primitiv und lauthals vorgetragenen Judenhasses Streichers und seiner Parteigenossen. Die Nürnberger Gesetze, die Eheschließungen zwischen jüdischen und nichtjüdischen Deutschen verboten, wurden bei ihrer Verkündung durch Hermann Göring auf dem Reichsparteitag 1935 von den Nationalsozialisten stürmisch begrüßt. Boykotte jüdischer Geschäfte im Jahr 1934, der Abriss der Nürnberger Hauptsynagoge noch vor der »Reichskristallnacht« 1938 und der Schauprozess gegen den Vorsitzenden der jüdischen Gemeinde, Leo Katzenberger, welcher wegen angeblicher »Rasseschande« unter Beugung selbst des nationalsozialistischen Rechts zum Tod verurteilt wurde, kennzeichneten Nürnberg als Stadt mit ausge-

Der Stürmer
Deutsches Wochenblatt zum Kampfe um die Wahrheit
HERAUSGEBER: JULIUS STREICHER
Nummer 19 | Nürnberg, im Mai 1937 | 15. Jahr 1937

Jüdische Blutschande

Der Prozeß Weil in Frankenthal (Saarpfalz) / Ein Jude schändet sein nichtjüdisches Stiefkind
Schauerliche Verbrechen eines echten Talmudjuden / Schützt die deutsche Jugend!

Schach dem Teufel

Aus dem Inhalt

Die Juden sind unser Unglück!

Fränkische Tageszeitung
Nürnberg

Julius Streicher gab das Zeichen zum Beginn des Abbruchs der Nürnberger Hauptsynagoge

Eine geschichtliche Stunde!

Die Schande von Nürnberg wird für alle Zeiten aus dem mittelalterlichen Stadtbild getilgt

Symbolische Tat

prägtem Antisemitismus und massiver Judenverfolgung. Die örtlichen Nationalsozialisten bereicherten sich bei den späteren Arisierungen auch persönlich. Mindestens 2.373 Juden und Jüdinnen aus Nürnberg fielen dem Holocaust zum Opfer.

Auf der Anklagebank des Nürnberger Hauptkriegsverbrecherprozesses saßen insgesamt 22 Repräsentanten des nationalsozialistischen Staats, ganz links Hermann Göring. Das umfangreiche Beweismaterial führte einer weltweiten Öffentlichkeit die Verbrechen des Regimes vor Augen. Neben drei Freisprüchen und verschiedenen zeitlich befristeten Haftstrafen ergingen zwölf Todesurteile, Fotografie 1945.

Die Bilanz nach zwölf Jahren Nationalsozialismus war für Nürnberg besonders schrecklich und ernüchternd: Die Altstadt war total zerstört, es gab kaum noch funktionierende Industriebetriebe, viele Menschen waren an der Front oder im Bombenkrieg ums Leben gekommen. Die Erinnerung daran, als »Stadt der Reichsparteitage« ein Aushängeschild des Nationalsozialismus gewesen zu sein, war nun unangenehm und wurde weitgehend ausgeblendet. Dies betraf zunächst auch den Nürnberger Prozess. Er wurde als Teil des schlechten Rufes Nürnbergs begriffen und nicht als das, was er tatsächlich war: ein weitgehend faires Gerichtsverfahren von welthistorischer Bedeutung und der Beginn eines neuen in-

Die Nürnberger Altstadt wurde durch den Bombenkrieg zu etwa 90 Prozent zerstört. Nicht nur das Stadtbild, sondern auch der Ruf Nürnbergs war gründlich ruiniert. Es gelang erst Jahrzehnte später durch eine offensive Aufarbeitung der eigenen Geschichte, dem Image Nürnbergs als Nazi-Stadt ein positiveres Bild entgegenzusetzen, Fotografie 1945.

ternationalen Strafrechts. Denn es war bei allen Unzulänglichkeiten in der Tat bemerkenswert, dass die Siegermächte eben nicht Siegerjustiz übten, sondern versuchten, auf völkerrechtlicher Grundlage Verbrechen festzustellen und die Schuldigen aus Partei und Staat entsprechend ihrer individuellen Verstrickung zu verurteilen.

Erst Mitte der 1990er Jahre wurde es zu einem wichtigen Anliegen der städtischen Politik, die Erinnerung an die Nürnberger Gesetze aufzugreifen und praktische Konsequenzen zu ziehen: Als Denkmal erinnert eine »Straße der Menschenrechte« an die Menschenrechtscharta der Vereinten Nationen, seit 1995 wird der Nürnberger Menschenrechtspreis verliehen, und auch die Nürnberger Prozesse werden inzwischen als positiver Traditionsbestand der Stadtgeschichte gesehen. Der historische Ort des Schwurgerichtssaals 600 wird zukünftig im Rahmen einer dauerhaften Ausstellung für Besucher zugänglich sein.

Die Reichsparteitage

Höhepunkt des NS-Feierjahres

Bereits in der Weimarer Republik hatte die NSDAP zwei »Reichsparteitage« in Nürnberg durchgeführt. Zu dieser Zeit fanden die Veranstaltungen noch in viel kleinerem Maßstab, aber bereits nach einem ähnlichen Schema wie im »Dritten Reich« statt. Der »Vorbeimarsch« von SA und SS gehörte auch später immer zum Programm, Fotografie 1927.

Der nationalsozialistische Feierkalender war in beträchtlichem Maße von Vorbildern aus Christentum und sozialistischer Arbeiterkultur inspiriert. Dies gilt für das Reichserntedankfest Anfang Oktober ebenso wie für die zentrale Berliner Feier zum 1. Mai, deren Teilnehmerzahlen meist die Millionengrenze überstiegen.

Die zwischen 1933 und 1938 alljährlich im September abgehaltenen Reichsparteitage stellten in ihren Dimensionen alle anderen Massenveranstaltungen des »Dritten Reiches« aber noch in den Schatten, da sie ständig ausgeweitet wurden und sich bald über eine ganze Woche erstreckten. Sie wurden vom Regime als scheinbar moderner Gegenentwurf zu den angeblich fruchtlosen Versammlungen der Weimarer Parteien präsentiert. Deshalb sollten auch die Sitzungen des »Kongresses der NSDAP« in der Luitpoldhalle eine Art inhaltliches Gerüst der Veranstaltungswoche bilden. Obwohl hier Hitlers Proklamation und Schlussrede gehalten wurden und weitere prominente Redner auftraten, hatte der Parteikongress nur dekorativen Charakter. Denn es kam hier weder zu Diskussionen noch zu Entscheidungen, und anstelle von Delegierten saßen mehr oder weniger zufällig ausgewählte Zuhörer in der Halle.

Vorbereitung und Durchführung der Reichsparteitage gehörten nicht zum Aufgabenbereich von Propagandaminister Goebbels, sondern lagen in den Händen des »Reichsorganisationsleiters« Robert Ley. Der vom Volksmund auch als »Reichstrunkenbold« bezeichnete Ley verfügte als Chef der Zwangsgewerkschaft DAF über nahezu unbeschränkte Finanzmittel, Fotografie 1935.

Den eigentlichen Mittelpunkt der Parteitage bildeten stattdessen die großen Aufmärsche und Paraden, die Parteiformationen und staatliche Organisationen in Anwesenheit Hitlers inszenierten. Kontinuierlich ausgebaut wurden zudem Unterhaltungselemente wie die sportlichen Vorführungen am »Tag der Gemeinschaft« und das »KdF«-Volksfest. Der für September 1939 scheinheilig angekündigte »Parteitag des Friedens« wurde wenige Tage vor dem Überfall auf Polen, der den Beginn des Zweiten Weltkriegs bedeutete, abgesagt.

INFOTAFEL

1

Dokumentationszentrum

»Faszination und Gewalt«

Die Bauten des Dokumentationszentrums im nördlichen Kopfbau der Kongresshalle wurden von dem österreichischen Architekten Günter Domenig bewusst gegen die vorhandene Baustruktur aus nationalsozialistischer Zeit gesetzt. Sie verweigern sich jeder Rechtwinkligkeit oder Symmetrie, Computersimulation der Einbauten 1998.

Das Dokumentationszentrum Reichsparteitagsgelände ist zunächst ein architektonisches Ereignis: Vor allem das auf dem Dach erbaute Studienforum und die weit vorragende Eingangstreppe bilden auffällige Gegenpole zum monumentalen Stil der Kongresshalle. Leicht wirkende Konstruktionen, schräge Winkel und gläserne Offenheit wurden der massiven Granitfassade entgegen gesetzt. Ein stählerner Pfahl, unter dem die Besucher das Dokumentationszentrum betreten, durchschneidet wie ein Seziermesser den Baukörper. So wurde das Dokumentationszentrum nicht einfach in das nationalsozialistische Gebäude integriert, sondern macht die Kongresshalle selbst zum zentralen Ausstellungsobjekt.

Im Inneren findet sich eine Ausstellung zur Geschichte und Funktion der Reichsparteitage und des Geländes, eingebettet in eine allgemeine Darstellung des Nationalsozialismus. Filme, Dokumente und Objekte veranschaulichen in spannender Weise, was bei den Reichsparteitagen geschah.

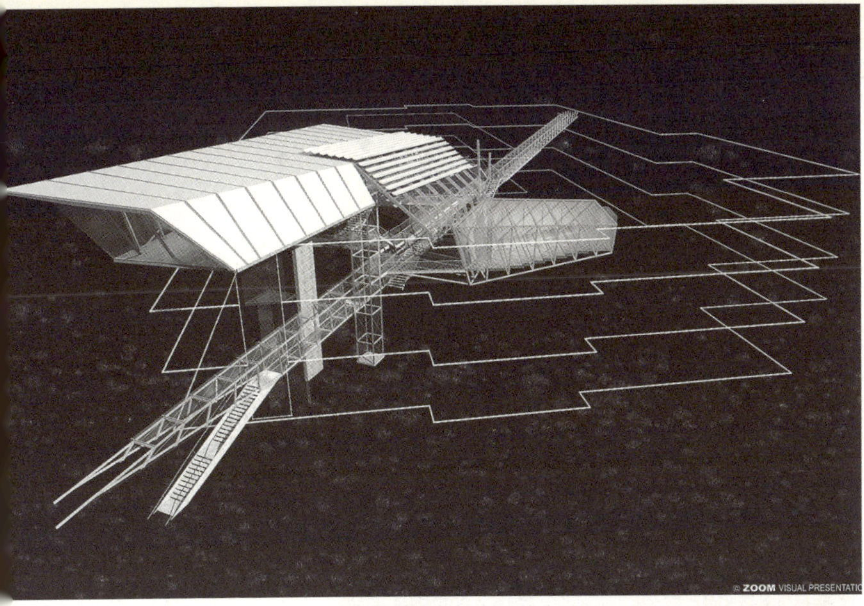

Filmprojektionen machen den Besuchern die gigantischen Planungen für das Reichsparteitagsgelände anschaulich. Ein Audioguide führt in vielen Sprachen durch die Ausstellung.

Das Studienforum steht Besuchergruppen für pädagogische Programme zur Verfügung.
In einer Kooperation mit mehreren Partnern – darunter Geschichte Für Alle e.V. – wird hier seit Jahren erfolgreich ein breites Themenspektrum angeboten.

INFOTAFEL

2

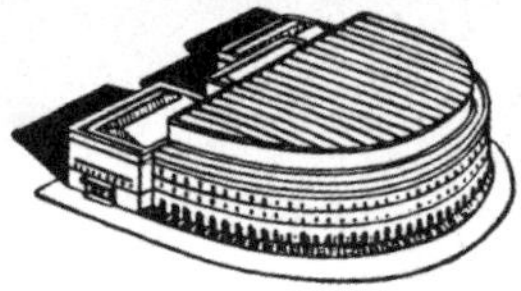

Kongresshalle

Der »erste Riese unter den Bauten des Dritten Reiches«

Der Nürnberger Architekt Ludwig Ruff plante die Kongresshalle als gigantischen Baukörper direkt am Dutzendteich, in dem diese sich spiegeln sollte. Der Grundstein wurde beim Reichsparteitag 1935 gelegt. Auf einem hufeisenförmigen Grundriss sollte sich die »größte Halle der Welt« erheben. Äußerlich erinnerte die Halle an das Colosseum in Rom, sollte den antiken Bau jedoch an Größe übertreffen, Fotografien des Baumodells um 1935.

Die Kongresshalle am Ufer des Dutzendteichs ist einer der größten erhaltenen Bauten aus der Zeit des Nationalsozialismus. Ihre Dimensionen, die Verwendung einer Natursteinfassade und der Bezug auf ein antikes Vorbild stellen wichtige Elemente der nationalsozialistischen Bauideologie dar. Eine beabsichtigte Wirkung dieses Stils bestand darin, dem »Dritten Reich« schon durch seine Erscheinung eine welthistorische Bedeutung zuzusprechen. Da Hitler beim deutschen Volk eine Art Minderwertigkeitskomplex festgestellt hatte, sollte der Anblick solcher Bauten außerdem das Selbstbewusstsein der Menschen heben. Mit ihrer tatsächlichen Funktion hatte das Aussehen der Gebäude deshalb oft nur wenig zu tun. Auch Granit als Baumaterial für die Fassade war entsprechend gewählt: Er stand für den Ewigkeitscharakter der Kongresshalle, welche die Menschen noch lange, so Hitler bei der Grundsteinlegung 1935, als den »ersten Riesen« unter den Bauten des Nationalsozialismus bewundern sollten.

Der deutsche Steinmetz schafft solide deutsche Wertarbeit – so stellte es die nationalsozialistische Propaganda dar, obwohl gerade die Großbaustellen des »Dritten Reiches« hochmodern organisiert waren und die Bauten im Inne-

ren aus Stahlbeton und Ziegeln in der damals schnellsten Bauweise gefertigt waren. Um Kosten zu sparen, wurde Granit für spätere Bauten, etwa für das Deutsche Stadion auf dem Reichsparteitagsgelände, auch aus Konzentrationslagern herbeigeschafft, welche die SS ab 1938 eigens zu diesem Zweck errichtete. Da die 1935 begonnene Kongresshalle und ihre circa 40 Meter hohe Fassade bereits 1938/39 in etwa den heutigen Bauzustand erreicht hatte, stammt der hier verbaute Granit nicht, wie manchmal behauptet, aus nationalsozialistischen Konzentrationslagern.

Die Mitglieder der NSDAP als »Auslese des deutschen Volkes« sollten sich, so Hitler, im Inneren der Kongresshalle jedes Jahr zum Parteikongress

Die Kongresshalle wäre auch im Inneren ein imposanter Bau für mindestens 50.000 Zuschauer geworden. Das Halbrund der Zuschauertribünen war auf ein altarähnliches Rednerpult ausgerichtet. Das freitragende Flachdach mit großem Oberlicht sollte für eine eindrucksvolle Beleuchtung sorgen, Fotografie des Innenraummodells um 1938.

versammeln. Eine riesige Menschenmenge hätte Hitler und anderen »Größen« der Partei zuhören sollen, jedoch schon wegen ihrer großen Zahl niemals über Sachthemen diskutieren oder gar abstimmen können. Dies hätte der Organisation der NSDAP nach dem Führerprinzip und auch der gewünschten Funktion des Parteikongresses widersprochen. Nicht Debatten sollten den Saal füllen, sondern Jubel im Rahmen einer propagandistischen Inszenierung. Hierfür wurde kein Aufwand gescheut: Unter anderem war der Einbau der größten Orgel der Welt geplant.

Trotz eines enormen Einsatzes an Arbeitskraft und Baumaterial blieb die Kongresshalle eine Bauruine. Nach aufwändigen Fundamentierungsarbeiten stand 1938 der Rohbau in der heutigen Höhe und war bis 1939 weitgehend mit Granit verkleidet. Man baute auch im Krieg weiter, teilweise mit Hilfe sowjetischer Zwangsarbeiter, konnte jedoch den überdimensionierten Bau nicht fertig stellen. Weder die Zuschauertribünen im Inneren noch das Dach für die große Halle wurden jemals realisiert. Der Bau der »größten

Der Bau der Kongresshalle wurde schnell vorangetrieben. Zwei Holzmodelle in Originalgröße sollten den Endzustand von Fassade (a) und Innenraum (b) vor Augen führen. Die Modelle dienten auch dazu, Hitler bei seinen Besuchen in Nürnberg zu beeindrucken, Postkarte 1936 und Fotografie 1938.

Halle der Welt« ist damit auch ein Beleg für das Scheitern nationalsozialistischer Bauvisionen.

Nutzungsversuche nach 1945, etwa als Fußballstadion (1960er Jahre) oder als Einkaufszentrum (1980er Jahre), scheiterten an finanziellen Bedenken, den Dimensionen des Baus und schließlich auch an der Unsicherheit darüber, welche Nutzung für ein derart von Geschichte belastetes Gebäude moralisch vertretbar ist.

Der Innenhof der Kongresshalle gehört heute zu den eindrucksvollsten Orten, an denen man sich die Dimensionen des Bauens im Nationalsozialismus vor Augen führen kann. Er ist unter anderem von einem Aussichtsbalkon im Dokumentationszentrum Reichsparteitagsgelände einsehbar.

Große Straße

Von der Paradestraße zum Parkplatz

Zwei Baustellen: Im Hintergrund Kräne und hölzernes Fassadenmodell der Kongresshalle, vorne bereitliegende Granitplatten für die Große Straße. Weil bis Kriegsende viele Originalplatten ungenutzt blieben, konnten diese bei der späteren Sanierung der Straße als Ersatz verwendet werden, Fotografie 1937.

Zwischen Volksfestplatz und dem heutigen Stadtteil Langwasser erstreckt sich die »Große Straße«, die als eine Art Mittelachse für das Parteitagsgelände gedacht war. Für ihre Konstruktion hatte Albert Speer den Dutzendteich an dieser Stelle eigens zuschütten lassen.

Mit einer Länge von zwei Kilometern und einer Breite von 60 Metern sollte die Große Straße nicht nur als Verbindung zwischen dem entstehenden Märzfeld und dem nördlichen Teil des Parteitagsgeländes mit Kongress- und Luitpoldhalle dienen; sie war auch als Paradestraße für Wehrmacht und Reichsarbeitsdienst vorgesehen und sollte auf beiden Seiten mit niedrigen, stufenförmigen Stehtribünen für Zuschauer eingefasst werden. Um den Marschierenden die Orientierung zu erleichtern, wurden verschiedenfarbige Granitplatten verarbeitet. An der Oberfläche waren sie aufgeraut, was peinliche Ausrutscher bei Regenwetter verhindern sollte.

Weil die Große Straße für Hitler hohe Priorität besaß, ordnete er im Februar 1937 ihre Fertigstellung zum nächsten Parteitag an. Allerdings vergeblich: Selbst beim kurzfristig abgesagten Reichsparteitag 1939 wäre die Paradestraße noch nicht nutzbar gewesen. »Eingeweiht« wurde sie schließlich von der US Army, die sie bis 1968 als

Die NS-Propaganda bezog sich gerne auf Nürnbergs mittelalterliche Vergangenheit. Dementsprechend war es erwünscht, dass die Große Straße eine optische Verbindungslinie zum »alten« Nürnberg herstellte, Fotografie 2006.

Start- und Landebahn für kleinere Flugzeuge verwendete, wobei viele Platten zu Bruch gingen. Anfang der 1990er Jahre ließ die Stadtverwaltung die Straße für etwa zwölf Millionen DM komplett sanieren, weil sie weiterhin als Parkfläche für Großereignisse und das angrenzende Messegelände in Gebrauch ist. Am waldseitigen Rand der Straße finden sich heute noch einige, zum Teil grasüberwachsene Tribünenstufen.

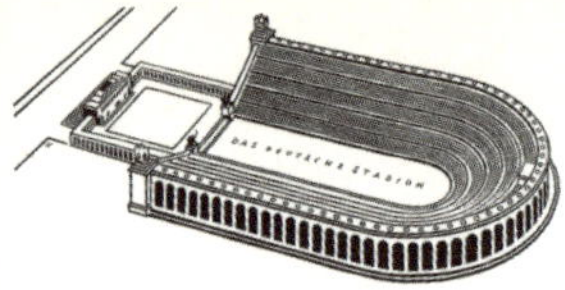

Deutsches Stadion

Vom »Deutschen Olympia« zum »Todesteich«

Das hufeisenförmige Deutsche Stadion war für 400.000 Zuschauer geplant. 1937 begonnen, sollte das Stadion bei den Reichsparteitagen Schauplatz für die »Nationalsozialistischen Kampfspiele« werden. Mit 120 Metern Höhe hätte es alle anderen Gebäude auf dem Reichsparteitagsgelände weit überragt. Zur Realisation des Bauprojektes kam es wegen des Krieges nicht mehr, Fotografie des Baumodells 1937.

Albert Speers Entwurf für das Deutsche Stadion sprengte selbst die bei den Reichsparteitagsbauten üblichen Dimensionen. Als »größtes Stadion der Welt«, so die damalige Propaganda, hätte es der gesamten Einwohnerschaft Nürnbergs Platz geboten. Gleichzeitig gab es jedoch kein durchdachtes Nutzungskonzept: Planungen für eine Sportanlage im Innenbereich des Stadions sind nicht überliefert. Die bei den Reichsparteitagen veranstalteten »Nationalsozialistischen Kampfspiele« mit ihrer Mischung aus Leichtathletik und Wehrsport hätten wohl kaum derart viele Zuschauer angezogen. Wegen der Höhe der Zuschauerränge und der dadurch verursachten schlechten Sicht wäre die massenhafte Verwendung von Ferngläsern notwendig geworden.

So gigantisch die Planung, so kläglich war die tatsächliche Realisierung. Noch jahrzehntelang stand der Grundstein, den Hitler 1937 gelegt hatte, als einziges Baurelikt weitgehend unbeachtet in einem kleinen Wäldchen neben der Großen Straße. Der in der ehemaligen Baugrube entstandene Silbersee ist bis heute durch Giftstoffe verseucht. Sie stammen aus dem benachbarten Silberbuck, einem aus den Trümmern der zerbombten Nürnberger Südstadt entstandenem Schuttberg.

Bei der Grundsteinlegung zum Deutschen Stadion am 9. September 1937 bestimmte Hitler die SA zum Träger der nationalsozialistischen Kampfspiele. Der Grundstein war dem Neubau der Messeparkhäuser im Jahr 2003 im Weg und wurde abgebaut. Als Teil des Informationssystems stellte man ihn 2006 wieder auf, Fotografien 1937 und 1994.

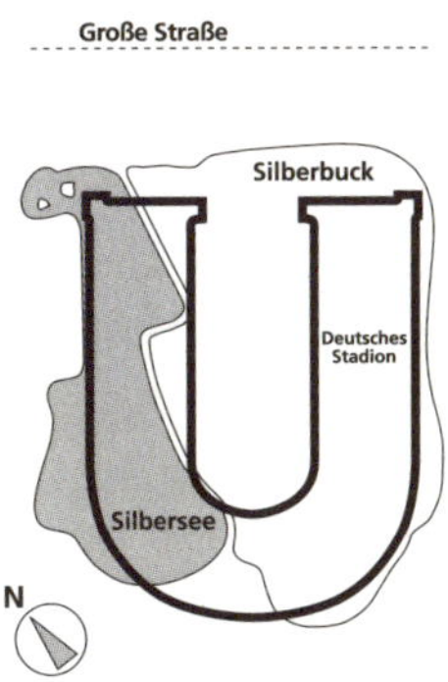

Im östlich von Nürnberg gelegenen Hirschbachtal (bei Oberklausen) entstand ein hölzernes Modell der Zuschauerränge des Deutschen Stadions in Originalgröße. Hier testete Albert Speer verschiedene Neigungswinkel für Tribünen, Fotografie um 1939.

Die gigantischen Planungen für das Deutsche Stadion erforderten ungewöhnliche Maßnahmen, die Teil der nationalsozialistischen Propaganda wurden. Da vom Deutschen Stadion selbst nicht viel zu sehen war, ließ Albert Speer in einem eigenen Gebäude am Luitpoldhain Baumodelle ausstellen, Fotos der Planungen wurden in Tageszeitungen und Fachzeitschriften veröffentlicht. Auch an der Baustelle selbst entstand ein Fassadenteilmodell im Maßstab 1:1, das Adolf Hitler und anderen prominenten Gästen bei Baustellenbesuchen vorgeführt wurde. In der Hersbrucker Schweiz waren Teile der Zuschauertribünen aus Holz aufgebaut. All dies diente nicht nur der architektonischen Arbeit, sondern sollte vor allem nach außen hin einen schnellen Baufortschritt vorspiegeln und Zweifel an der Realisierbarkeit gar nicht aufkommen lassen.

Hinter diesen Schaufassaden traten aber durchaus Probleme auf – etwa bei der Beschaffung und Finanzierung der gewaltigen Mengen an Granit. Um Kosten zu senken entwickelte sich eine Zusammenarbeit besonderer Art: Die SS baute mit den Deutschen Erd- und Steinwerken

Für die Fassade des Deutschen Stadions wurde auch Granit aus dem KZ Flossenbürg und aus anderen Konzentrationslagern angeliefert. Es entstand jedoch nur die Baugrube für einen Teil des Stadions, die heute mit Wasser gefüllt den Silbersee bildet, Fotografie des Baumodells 1937 und des Steinbruchs in Flossenbürg um 1939.

GmbH (DESt) eine eigene Firma auf, die für Speers Projekte Baumaterial liefern sollte. Dabei nutzte die SS ohne Rücksicht die Arbeitskraft der KZ-Häftlinge, von denen viele in den Steinbrüchen starben, und errichtete allein für die Granitproduktion ab 1938 vier Konzentrationslager. Das KZ Natzweiler wurde sogar speziell deshalb gegründet, um Granit für das Deutsche Stadion zu gewinnen.

INFOTAFELN

5 3 9 17

Das Gelände vor 1933

Erholungsort und Laboratorium der Moderne

Der Dutzendteich war schon seit Jahrhunderten ein wichtiges Naherholungsgebiet der Nürnberger. Seit 1899 gab es am Ufer ein Parkrestaurant, das spätere Café Wanner, Fotografie um 1910.

Das Areal um den Dutzendteich war seit jeher bei Ausflüglern beliebt. Mit dem Luitpoldhain, angelegt für die Landesausstellung 1906, erhielt das Gelände eine für die Jahrhundertwende typische Parkanlage mit Springbrunnen, kunstvoll angelegten Blumenbeeten und einer großen Ausstellungshalle. Wenig später wurde das Angebot durch die Errichtung des Tiergartens ergänzt.

Nach dem Ersten Weltkrieg wurde begonnen, das Gelände um das Zeppelinfeld aufzuwerten. Bis 1928 entstand eine große Kleingartenanlage, das Stadion, das Stadionbad, Jedermannsportplätze, eine alkoholfreie Gaststätte und ein Sonnenbadcafé. Die Hochbauten von Otto Ernst Schweizer orientierten sich mit Flachdächern, Stahlbeton und klaren Linien an den Idealen des Bauhauses.

Der Bau des Reichsparteitagsgeländes bedeutete dann die radikale und nachhaltige Zerstörung von Nürnbergs größtem Naherholungsgebiet: Die Parkanlagen im Luitpoldhain und am Ufer des Dutzendteichs, große Waldflächen im Gebiet Langwasser und nicht zuletzt der Dutzendteich selbst wurden durch die Anlage des Reichsparteitagsgeländes von öden Aufmarschflächen, Tribünenbauten, Straßen und Wegen geprägt.

Seit 1912 befand sich an der Stelle des heutigen Volksfestplatzes der Nürnberger Tiergarten. Wegen der Reichsparteitagsbauten verlegte man ihn an den Schmausenbuck, Fotografie des Eingangs 1930.

Das 1928 eröffnete Stadionareal mit dem Stadionbad bot den Nürnbergern Möglichkeiten zu Erholung und sportlicher Betätigung. Die Hochbauten wurden in beispielhafter moderner Architektur errichtet, Fotografie um 1928.

INFOTAFEL

6

Städtisches Stadion

Hitler-Jugend und BDM

Den Jugendlichen erschien das vom Nationalsozialismus gebotene »Erlebnis« in erster Linie als ein aufregendes Abenteuer. Das von Hitler in Nürnberg präsentierte Ideal (»flink wie die Windhunde, zäh wie Leder und hart wie Krupp-Stahl«) führte die meisten allerdings direkt in den Zweiten Weltkrieg, aus dem viele der hier Abgebildeten nicht mehr zurückkehrten, Fotografie 1938.

Äußerlich sehr modern präsentiert sich mit seinem blauen Stahlgestänge und den vier Flutlichtmasten das Franken Stadion. Die Heimspielstätte des 1. FC Nürnberg wurde erst kürzlich für 56 Millionen Euro WM-tauglich gemacht. Die als »Städtisches Stadion« errichtete Arena geht auf die 1920er Jahre zurück: Damals bildete sie den Mittelpunkt eines modernen Naherholungsgebietes mit Freibad, Jedermann-Sportplätzen, Kleingartenkolonie und einer alkoholfreien Gaststätte. Obwohl das Stadion wie die Nebengebäude stilistisch der Bauhaus-Schule nahe stand, die den Nationalsozialisten verhasst war, kam es während der Reichsparteitage als »Stadion der Hitler-Jugend« zum Einsatz. Etwa 50.000 HJ-Jungen und 5.000 Mädchen des BDM hörten hier in uniformierter Aufstellung die Ansprachen des »Reichsjugendführers« Baldur von Schirach und Hitlers, die ganz auf eine ideologische Fanatisierung des jungen Publikums abzielten. Seit 1937 schloss sich daran die Vereidigungszeremonie der 18-jährigen Hitlerjungen als neue Parteimitglieder an. Mehrere tausend der im Stadion Angetretenen waren in einem wochenlangen Sternmarsch aus allen Gegenden des Reiches nach Nürnberg gekommen.

Bei den Olympischen Spielen in Amsterdam 1928 wurde der vom städtischen Gartenbaudirektor Alfred Hensel geplante Sport- und Volkspark am Dutzendteich mit einer Goldmedaille ausgezeichnet. Mittelpunkt des Geländes war das Stadion mit der nach Plänen von Otto Ernst Schweizer in moderner Sichtbetonbauweise ausgeführten Haupttribüne. Nach dem Krieg unter Denkmalschutz gestellt, stürzten Teile während der Umbauarbeiten für das Franken Stadion »zufällig« ein, Fotografie 1928.

Gemäß der nationalsozialistischen Ideologie sollte die Jugend schrittweise dem familiären Einflussbereich entzogen und stattdessen staatlichen Organisationen unterstellt werden. Dementsprechend wurden die Jugendlichen auch beim Parteitag mit einem paramilitärischen Lagerleben auf spätere Aufgaben eingestimmt. Die im Stadion beim »Tag der Jugend« gesungenen Lieder mit Texten wie »Die Fahne ist mehr als der Tod« wurden bald traurige Realität: Noch in den letzten Kriegstagen 1945 starben 16-jährige HJ-Jungen, weil sie vom Regime als Kanonenfutter eingesetzt wurden.

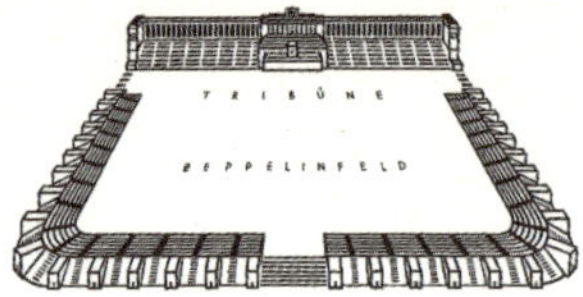

INFOTAFELN
7 8 14

Zeppelinfeld

»Volksgemeinschaft« und Lichtdom

Das Zeppelinfeld mit der nach Plänen Albert Speers errichteten großen Tribüne war der wichtigste Veranstaltungsort der Parteitage im »Dritten Reich«. Der namentliche Bezug auf Graf Zeppelin reicht allerdings deutlich weiter zurück: Bereits im Jahr 1909 war der Luftschiffpionier hier gelandet und hatte mit seinem neuen Fluggerät für großes Aufsehen gesorgt. Die Nationalsozialisten nutzten den Platz erstmals 1933 für Aufmärsche im Rahmen des Parteitags. Weil über die Durchführung der Veranstaltung damals aber sehr kurzfristig entschieden worden war, konnten nur noch provisorische Tribünen mit einem aus Holz gefertigten großen Adler als »Hoheitszeichen« im Hintergrund errichtet werden. Diese befanden sich auf der gegenüberliegenden Seite des Feldes. In seiner als endgültig erachteten Form wurde das Zeppelinfeld mit der hastig fertiggestellten Steintribüne dann erstmals beim Reichsparteitag

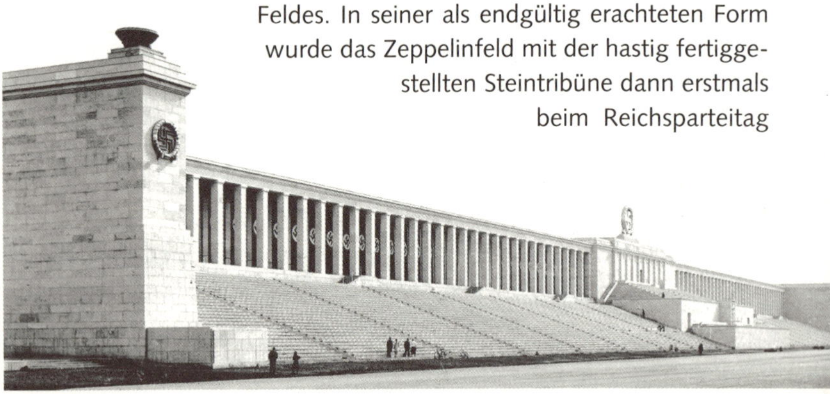

Die Zeppelintribüne wurde 1936 fertiggestellt und sollte durch die verwendeten Natursteine aus Muschelkalk, Feuerschalen und Pfeilerreihen antike Größe ausstrahlen. Als Vorbild nannte Speer später den griechischen Pergamonaltar, der sich im Berliner Pergamonmuseum befindet, Fotografie um 1937.

Für die verschiedenen Vorbeimärsche (hier der Reichsarbeitsdienst) verließ Hitler stets die Tribüne. Der direkte Augenkontakt mit dem »Führer« wurde bei solchen Gelegenheiten zum zentralen »Parteitagserlebnis« stilisiert, Fotografie 1937.

1936 verwendet. In den folgenden Jahren fanden hier die meisten großen Massenveranstaltungen der Parteitagswoche statt: Reichsarbeitsdienst und Politische Leiter hielten an unterschiedlichen Tagen Paraden ab und marschierten anschließend an der Tribüne vorbei. Auch viele Veranstaltungen des jährlich ausgeweiteten Volksfestes und des 1937 eingeführten »Tages der Gemeinschaft« wurden an dieser Stelle abgehalten. Die Wehrmacht führte zudem groß angelegte Schaumanöver durch, die bei den noch an die Militärfolklore des Kaiserreichs gewöhnten Zuschauern besonders beliebt waren. Die meisten folgten leichtgläubig der von Hitler ständig wiederholten Argumentation, ausgerechnet die massive Aufrüstung des deutschen Militärs würde den Frieden garantieren.

Bis zur Vollendung der steinernen Tribüne 1936 fanden die Massenveranstaltungen auf der Zeppelinwiese vor improvisierten Holzkonstruktionen statt, Fotografie 1933.

Mit Raum für weit über 100.000 Uniformierte auf der Wiese und 80.000 Zuschauer auf den umgebenden Tribünen war das Zeppelinfeld zu dieser Zeit der größte Veranstaltungsort auf dem Parteitagsgelände. Später wäre es aber durch das Deutsche Stadion und das Märzfeld noch deutlich übertroffen worden; dorthin wären dann auch die meisten Veranstaltungen verlegt worden.

Unschwer lässt sich erkennen, dass die Zeppelintribüne heute nicht mehr in ihrem Originalzustand erhalten ist. Zwar steht der Mittelteil mit der für die Ansprachen Hitlers angelegten »Führerkanzel« weitgehend unverändert; nur das überdimensionierte Hakenkreuz wurde bereits im

Links und oben: Appell des Reichsarbeitsdienstes. Den meisten Teilnehmern und Zuschauern der großen Massenveranstaltungen war es nicht möglich, die gesamte Menschenmenge zu überblicken. Dies entsprach der nationalsozialistischen Ideologie, die nicht dem Individuum, sondern nur der »Volksgemeinschaft« einen Wert zumaß, Fotografien 1936 und 1938.

April 1945 durch die US-Armee gesprengt. Die seitlichen Pfeilerreihen wurden jedoch ebenso wie die Aufbauten der Endpylone mit den Flammenschalen Ende der 1960er Jahre auf Beschluss des Nürnberger Stadtrates entfernt. Dies hatte wirtschaftliche und politische Gründe zugleich: Das von den Nationalsozialisten unter großem Zeitdruck hochgezogene Gebäude war einerseits baufällig, was eine teuere und wenig sinnvoll erscheinende Sanierung erfordert hätte. Andererseits entsprach es dem Zeitgeist, wieder ein weiteres Stück unangenehmer Vergangenheit zu »entsorgen«, so wie dies zuvor schon im Fall der Luitpoldarena geschehen war.

Auf den Stufen der Zeppelintribüne und auf dem begehbaren Mittelbau mit der Rednerkanzel lässt sich der schlechte Zustand vieler Original-

Als Teil der »NS-Kampfspiele« mit sportlichen und militärischen Wettbewerben wurde 1937 ein eigener »Tag der Gemeinschaft« in die extra um einen Tag verlängerte Parteitagswoche eingefügt. Auch BDM-Mädchen traten hier mit massengymnastischen Übungen auf. Möglichkeiten zur politischen Betätigung sah das nationalsozialistische Rollenverständnis für Frauen hingegen nicht vor, Fotografie 1938.

steine aus der Nähe betrachten. Schon während des Krieges hatten die ersten zu bröseln begonnen und auf mancher Besichtigungstour des für das »Tausendjährige Reich« geplanten Geländes für unangenehme Fragen gesorgt. Von der Mitte der Tribüne aus bietet sich ein guter Rundblick über den gesamten Aufmarschplatz. Rechteckig wird das Gelände noch heute von halbhohen Zuschauerrängen umrahmt, die sich gut unter teilweise dichtem Grasbewuchs ausmachen lassen. Zur Zeit der Reichsparteitage lag das Feld gänzlich offen vor der Tribüne: Zäune, Bäume und Sportplätze waren ebenso wenig vorhanden wie der weiße Flachbau auf der gegenüberliegenden Seite. Durch die dortige Aussparung zwischen den Tribünen betraten die großen Marschformationen bzw. die Schaubataillone der Wehrmacht das Feld. Die Teilnehmer mussten oft schon mitten in der Nacht aus ihren bis zu 16 Kilometer entfernten Quartieren aufbrechen. Nach mehrstündigem Fußmarsch warteten sie dann noch einmal stundenlang auf die Ankunft der Parteielite und den Beginn der Veranstaltung. Dennoch bildete für die meisten die eigene Parteitagszeremonie das zentrale Erlebnis der gesamten Veranstaltungswoche: Die Angehörigen des Reichsarbeitsdienstes und der Wehrmacht erhielten hier von den Zuschauern viel Beifall für Übungen mit dem Spaten, chorische Wechselreden oder militärische Schaumanöver. Und die in der Bevölkerung wenig beliebten kleinen Amtsträger der Partei (Politische Leiter) wurden mit einer gottesdienstähnlichen Abendveranstaltung in mystischem Scheinwerferlicht entschädigt. Unter diesem »Lichtdom« versicherte ihnen Hitler alljährlich aufs Neue, wie wichtig die von ihnen gespielte Rolle im Staat sei. Selbst zu diesen Anlässen bildeten antisemitische Hassparolen einen unverzichtbaren Teil seiner Reden.

Der »Tag der Wehrmacht« auf dem Zeppelinfeld war Abschluss und Höhepunkt der gesamten Parteitagswoche. Wegen des großen Zuschauerinteresses wurde das in späteren Jahren mit Panzern und Flugzeugen durchgeführte Schaumanöver sogar stets am Vormittag und am Nachmittag gezeigt. Bei einer Tribünenkapazität von 80.000 lagen 1937 insgesamt 550.000 Kartenbestellungen vor, Fotografie 1935.

Da die Bedeutung der SA nach dem »Röhm-Putsch« kontinuierlich abnahm, stärkte Hitler auch in Nürnberg planmäßig die Reichswehr, deren Generäle mit ihm auf der Tribüne stehend den Vorbeimarsch abnahmen. Zu beiden Seiten sind Kamerateams erkennbar, die Aufnahmen für die Wochenschau und den Film »Triumph des Willens« machten, Fotografie 1934.

Die letzte nationalsozialistische Veranstaltung ging hier im Jahr 1938 über die Bühne. Zwar wurde nach der Kapitulation Frankreichs im Sommer 1940 noch einmal kurz mit Vorbereitungen für einen neuen Parteitag begonnen, doch wegen des fortgesetzten britischen Widerstandes wurden die Arbeiten bald wieder gestoppt. Die Geschichte des »Dritten Reiches« währte nur noch bis April 1945, als die US-Armee zuerst das Parteitagsgelände und dann die ganze Stadt Nürnberg einnahm.

Das amerikanische Militär war es auch, das nach dem Krieg Sportplätze auf dem nun »Soldiers Field« genannten Gelände einrichtete. Später fanden an dieser Stelle Rockkonzerte und Versammlungen aller Art statt, unter anderem traten die Rolling Stones bereits mehrmals hier auf. Die gelben Markierungen auf dem Asphalt

Mit der Einführung von Speers »Lichtdom« ab 1936 wurde der abendliche Appell am »Tag der Politischen Leiter« zu einer nahezu sakralen Veranstaltung. Mit biblischem Vokabular trug Hitler aktiv zur Konstruktion einer einheitsmystischen Stimmung bei. Der britische Botschafter Nevile Henderson schrieb später, er habe sich hier wie in einer »Kathedrale aus Eis« gefühlt, Fotografie 1937.

der Straße zeugen von dem alljährlich ausgetragenen »Norisringrennen« zur Deutschen Tourenwagenmeisterschaft. Nicht genutzt werden derzeit hingegen die im Inneren der Zeppelintribüne gelegenen Räume. Hier war ab 1985 eine erste, provisorische Ausstellung über die Reichsparteitage untergebracht, die schließlich durch das Dokumentationszentrum ersetzt wurde.

Schon seit Jahren haben sich Inlineskater, Jogger und Tennisspieler große Bereiche um die Zeppelintribüne als Naherholungsgebiet zurückgeholt. Ein historisch und stadtplanerisch zufriedenstellendes Konzept für die Nutzung dieses Teils des Geländes steht aber auch bald 70 Jahre nach dem Ende des letzten Reichsparteitages noch immer aus.

INFOTAFELN

10 11 12

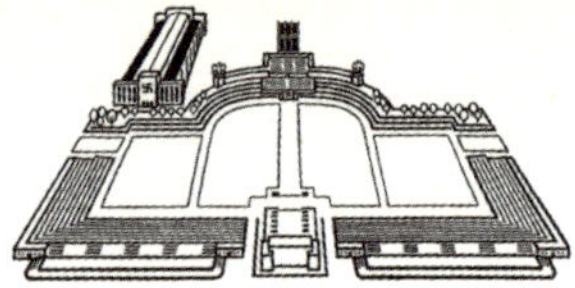

Luitpoldarena

Fahnenweihe und Parteikongress

Für die Bayerische Landesausstellung 1906 wurde der Luitpoldhain mit Ausstellungsgebäuden, Spazierwegen und Wasserspielen als typischer Park der Jahrhundertwende angelegt. 1930 kam ein von dem Nürnberger Architekten Fritz Mayer geschaffenes Denkmal für die Toten des Ersten Weltkriegs hinzu. Es wurde später als einziger Teil des alten Luitpoldhains in die Luitpoldarena der Nationalsozialisten einbezogen, Fotografie 1906 und Postkarte 1930.

Der Luitpoldhain, der ab 1933 zur Luitpoldarena umgebaut wurde, war der älteste Teil des Reichsparteitagsgeländes. Heute erinnert daran nur noch wenig: Das Areal präsentiert sich, wie vor 1933, als Parkanlage. Orientierung bietet allein das Denkmal für die Gefallenen des Ersten Weltkriegs, welches heute den Toten beider Weltkriege und den »Opfern der Gewaltherrschaft 1933-1945« gewidmet ist.

Das in der Ära des linksliberalen Oberbürgermeisters Hermann Luppe nach über zehnjähriger Diskussion erbaute Denkmal mit Arkadengang, Vorhof und flankierenden viereckigen Stelen, die Flammenschalen trugen, gefiel auch Adolf Hitler. Obwohl noch nicht fertig gestellt und eingeweiht, bot es bereits beim Reichsparteitag 1929 einen inhaltlichen Anknüpfungspunkt für die hier abgehaltene Versammlung von SA und SS. Ab 1933

Ab 1933 errichtete das Nürnberger Hochbauamt im Auftrag der Nationalsozialisten die Luitpoldarena für den Totenkult von SA und SS. Dafür wurden fast alle Bauten der Landesausstellung von 1906 abgerissen, nur die Luitpoldhalle (a) blieb mit veränderter Fassade stehen. Hinter der Luitpoldarena ist die Baustelle der Kongresshalle zu erkennen, Postkarte 1936.

wurde das Denkmal als Kulisse für den nationalsozialistischen Totenkult weiter genutzt. An die Stelle des Gedenkens an alle Nürnberger Gefallenen des Ersten Weltkriegs, zu denen auch die Nürnberger Soldaten jüdischen Glaubens gehört hatten, trat nun der von den Nationalsozialisten inszenierte Kult für die Toten ihrer »Bewegung«.

Nach Beseitigung von Parkanlagen, Brunnen und zahlreichen Bäumen entstand vor dem Ehrenmal eine große Rasenfläche, die in der Mitte von einem Weg aus Granitplatten geteilt wurde. Dieser verband das Gefallenendenkmal mit der neu erbauten Rednerkanzel samt Tribünen und imposanten Fahnenmasten. Drei große Hakenkreuzfahnen von 24 Metern Höhe dominierten den Platz. Neben dem Zeppelinfeld war die Luitpoldarena die einzige für die Reichsparteitage wirklich fertig gestellte und in Gebrauch genommene Anlage. Entscheidend für die neue Nutzung

Hitler, Himmler und der SA-Chef Lutze auf dem heute noch erhaltenen Platz vor dem Ehrenmal. Im Hintergrund die Rednerkanzel samt Ehrentribüne. Die »Blutfahne«, angeblich beim Hitlerputsch 1923 mitgeführt, wird vor einem großen Kranz zu Ehren der Toten gesenkt, Fotografie 1934.

Rechts: Mit der »Blutfahne« weihte Hitler auf den Tribünen neben der Rednerkanzel neue SA-Standarten, Fotografie 1934.

durch die Nationalsozialisten war zum einen die große Freifläche, welche größeren Menschenansammlungen Platz bot, ohne dass Bäume die Sicht verdeckten und Brunnen oder Blumenbeete störten. Zum anderen ermöglichte die neue Rednerkanzel samt umgebender Tribünen die Inszenierung Hitlers als Führer und den Aufmarsch großer Verbände vor Zuschauern.

In der Luitpoldarena entwickelte sich ab 1933 ein feststehendes Ritual des nationalsozialistischen Totenkults: Etwa 130.000 SA- und SS-Männer marschierten auf und ließen den mit Granitplatten belegten Weg frei. Adolf Hitler schritt zwischen den angetretenen Formationen, ab 1934 begleitet von SA-Chef Viktor Lutze und dem »Reichsführer SS« Heinrich Himmler, zum Ehrenmal und verneigte sich vor einem großen Kranz – eine theatralische Inszenierung Hitlers als einsamer, charismatischer Führer mit der ganzen Verantwortung für die Toten und die (noch) Lebenden der nationalsozialistischen Bewegung.

SA-und SS-Männer treten vor Hitler beim Reichsparteitag 1934 an. Hinter Hitler die Standarten der SA und Ehrengäste, gegenüber das zu einem Teil der Luitpoldarena degradierte Ehrenmal für die Toten des Ersten Weltkriegs, Fotografie 1934.

Die vom sogenannten »Reichsblutfahnenträger« getragene Fahne des Putsches von 1923 erwartete Hitler am Ehrenmal und folgte ihm zur Rednertribüne auf der anderen Seite. Dort hielt Hitler zunächst eine kurze Ansprache und »weihte« danach Standarten der SA, indem er mit starrem Blick die Reihe der Fahnenträger abschritt, von jedem dessen Meldung entgegennahm, ihm die Hand schüttelte und anschließend die Standarte mit der »Blutfahne« berührte.

Wie schon beim Marsch durch die angetretenen Formationen zum Ehrenmal, der äußerlich dem Gang eines Pfarrers durch die Kirche mit seinen beiden Ministranten ähnelte, erfüllte Hitler auch hier eine religiös aufgeladene Rolle als Heilsbringer und Messias, wobei die »Blutfahne« als nationalsozialistische Reliquie diente.

Wichtig für den Erfolg der Reichsparteitage war nicht nur die Anknüpfung an religiöse Bräuche und Gewohnheiten, sondern auch eine entsprechende mediale Vermarktung. Propaganda-

Die Luitpoldhalle wurde 1906 für die Bayerische Landesausstellung erbaut und diente mit ihren 16.000 Sitzplätzen bis in die 1930er Jahre als städtische Fest- und Ausstellungshalle, Postkarte 1906.

Albert Speer stellte eine neue Fassade vor die Luitpoldhalle und passte sie so in die Luitpoldarena ein. Fahnen waren ein wichtiges Mittel für diese nationalsozialistische Kulissenarchitektur. Die Halle wurde im Zweiten Weltkrieg zerstört, Fotografie nach 1935.

fotografie von ungewöhnlichen Standpunkten aus – etwa vom Dach des Ehrenmals – oder die filmische Umsetzung des Totenrituals durch Leni Riefenstahl mit einem Kameraaufzug machten den »Appell der braunen Armee« in der Luitpoldarena eindrucksvoller als er tatsächlich war.

Der Name »Reichsparteitag« verwies auf den eigentlichen Ursprung als Versammlung einer Partei, der NSDAP. Dies war jedoch im Programm des Reichsparteitags absolut nachrangig

und entsprach auch nicht der Ideologie der Nationalsozialisten, die sich als Bewegung verstanden und mit den Gepflogenheiten einer demokratischen Partei wenig anfangen konnten.

Dennoch gab es beim Reichsparteitag der NSDAP tatsächlich eine Versammlung der Partei, und diese hatte mit der Luitpoldhalle ihren eigenen Ort. Sie sollte allerdings kein Ort für Diskussionen sein, sondern diente – die offizielle Bezeichnung »Parteikongress« deutete dies schon an – vor allem der Selbstdarstellung der NSDAP nach außen und der Motivation der Mitglieder nach innen. Die hier verbreiteten Botschaften waren simpel: Rudolf Hess etwa äußerte beim Reichsparteitag 1938: »Das deutsche Volk weiß, dass alles, was der Führer tut, recht getan ist«.

Heute befindet sich an der Stelle der im Zweiten Weltkrieg zerstörten Luitpoldhalle ein Parkplatz.

1959 ließ die Stadt Nürnberg die Luitpoldarena in einen Park zurückverwandeln. Die Verdrängung von Vergangenheit durch Abriss ihrer baulichen Hinterlassenschaft charakterisiert die ersten Nachkriegsjahrzehnte. Das seit dem Jahr 2000 stattfindende Klassik-Open-Air im Luitpoldhain ist Teil der Wiederaneignung eines durch die Nationalsozialisten zerstörten Freizeitareals, Fotografie 2002.

INFOTAFEL
19

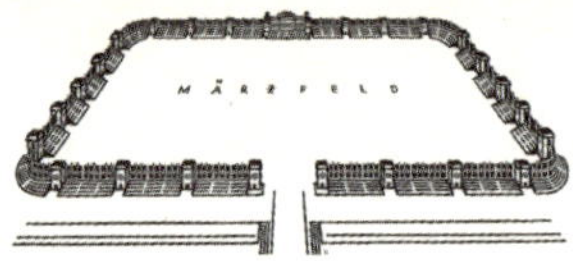

Märzfeld

Kriegsspiele vor Zuschauern

1966 und 1967 wurden die bereits fertiggestellten Türme des Märzfeldes gesprengt. Sie sollten einer neuen Wohnbebauung nicht im Weg stehen, Fotografien 1966.

Das Märzfeld, die mit fast tausend Metern Breite und über 600 Metern Länge größte Aufmarschfläche des Reichsparteitagsgeländes, sollte am Ende der Großen Straße einen architektonischen Abschluss der Gesamtanlage Reichsparteitagsgelände bilden. Dort sollten zukünftig die Schaumanöver der Wehrmacht stattfinden, die bislang am »Tag der Wehrmacht« auf dem Zeppelinfeld viele Zuschauer anzogen und den Höhepunkt der Reichsparteitage darstellten.

Der Name Märzfeld spielte auf den Kriegsgott Mars an und sollte zudem an den März 1935 erinnern, als die allgemeine Wehrpflicht in Deutschland entgegen den Bestimmungen des Versailler Vertrags wieder eingeführt wurde.

Die architektonischen Anleihen an die Antike oder die unmittelbare Gegenwart waren ebenso beliebig wie die sogenannte künstlerische Gestaltung: Zunächst hatte Albert Speer auf der Haupttribüne, die genau in der Achse der Großen Straße lag, den üblichen Reichsadler vorgesehen. Dann übernahm der Bildhauer Josef Thorak die Gestaltung, der ein Ensemble von heroischen Männerfiguren mit einer zwölf Meter hohen Siegesgöttin in der Mitte plante. Der Sieg im kriegerischen Kampf vor einer Kulisse, in welcher der Einzelne nichts zählt – dieses eigentliche Ziel des

Das 1936 begonnene Märzfeld war als Aufmarsch- und Manöverfläche für die Wehrmacht geplant. Das Gelände sollte von Zuschauertribünen, Wehrtürmen und hunderten riesiger Hakenkreuzfahnen umgeben werden, Fotografien von Baumodellen, 1936 und nach 1938.

Nationalsozialismus wurde auf dem Märzfeld in Architektur umgesetzt.

Heute sind vom Märzfeld nur noch wenige Fundamente übrig, die am Ende der Großen Straße in der Nähe des Langwassersees zu besichtigen sind. Ansonsten befindet sich der nördliche Bereich des Stadtteils Langwasser auf dem Märzfeldareal.

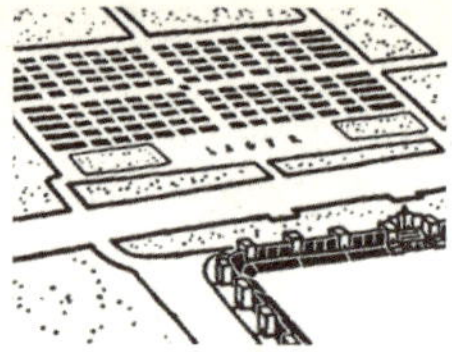

Lagergelände

Drill und Lagerromantik

Die Schaffung von Massenunterkünften war von Anfang an eine der wichtigsten Aufgabe für die Organisatoren der Reichsparteitage. Zunächst dienten Schulen, Turnhallen und andere Gebäude der Unterbringung der Teilnehmer, ab 1935 wurde systematisch in Nürnberg-Langwasser auf damals unbebautem Gebiet zusätzlich eine Zelt- und Barackenstadt angelegt. Ein System von Straßen und Bahnhöfen, Kanalisation und Stromleitungen erschloss das Lagerareal. Allerdings war der sogenannte »Lagerbahnhof« Märzfeld erst beim letzten Reichsparteitag 1938 benutzbar, so dass die Teilnehmer aus ihren abgelegenen Unterkünften stundenlange Fußmärsche bewäl-

Die Hitlerjugend beim Ausmarsch aus ihrem Lager in Langwasser. Das »Lagerleben« wurde in der Propaganda als großes Gemeinschaftserlebnis dargestellt und besaß für die Kinder und Jugendlichen eine besondere Anziehungskraft, Fotografie 1937.

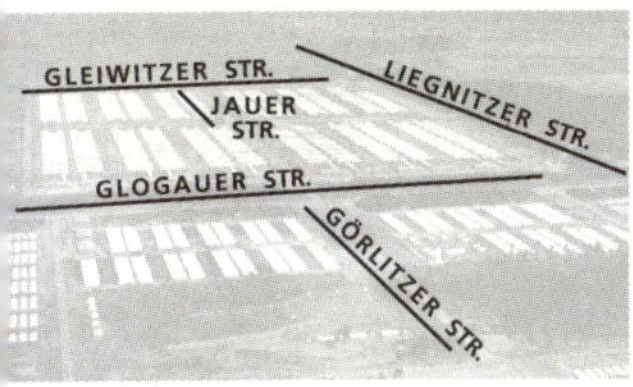

Am heutigen Straßenverlauf lässt sich die Aufteilung des Lagergeländes noch nachvollziehen.

Die Teilnehmer der Reichsparteitage waren in großen Zelt- und Barackenlagern untergebracht. SA, SS, Reichsarbeitsdienst, Hitler-Jugend (HJ) und andere Gruppierungen hatten jeweils ihr eigenes abgegrenztes Lager. In dem auch als »Reichslagersiedlung« bezeichneten Areal in Langwasser herrschte militärischer Drill, Postkarte um 1938 und Fotografie 1934.

tigen mussten, um zu den Aufmärschen in der Innenstadt zu gelangen.

Das Lager der SA umfasste etwa 400 Zelte für je 250 Mann, so dass in diesem größten Lager des Reichsparteitagsgeländes nahezu 100.000 Teilnehmer untergebracht werden konnten. Kleinere Lager dienten der SS, dem Reichsarbeitsdienst und der Hitlerjugend als Unterkunft. Wochen vor dem Beginn des Reichsparteitags begann der stufenweise Aufbau der Zelte und die Einrichtung der Infrastruktur.

Das Leben im Lager war nicht nur ein Gemeinschaftserlebnis, sondern auch eine Übung in militärischem Gehorsam und Drill. Aufstehen im Morgengrauen, Märsche mit schwerem Gepäck zu Veranstaltungen des Reichsparteitags, abendlicher Zapfenstreich und die Einschränkung individueller Bewegungsmöglichkeit gehörten dazu. Ausflüge auf eigene Faust in die Innenstadt waren der Hitler-Jugend zum Beispiel laut der rigiden Lagerordnung verboten. Mit gutem Grund kann man auch vor diesem Hintergrund die Reichsparteitage als Training für den Krieg ansehen.

1939 wurde die Zeltstadt ein letztes Mal aufgebaut, jedoch nicht mehr benutzt, da der Reichsparteitag kurzfristig wegen des Überfalls auf Polen abgesagt wurde. Im nun beginnenden Zweiten Weltkrieg wurde das SS-Lager in ein Zwangsarbeiterlager für die Firma MAN und das SA-Lager in ein Kriegsgefangenenlager für etwa 30.000 Soldaten umfunktioniert. Für die meisten der Gefangenen standen neu errichtete Baracken zur Verfügung. Wachtürme und ein doppelter Stacheldrahtzaun sollten Fluchtversuche verhindern.

Von den sowjetischen Kriegsgefangenen starben in den wenigen Monaten der zweiten Jahreshälfte 1941 mindestens 600 an der schweren

Mit Kriegsbeginn wurde das Lagergelände in ein Kriegsgefangenenlager für 30.000 Soldaten unterschiedlicher Nationalität umgewandelt. Die sowjetischen Kriegsgefangenen, die teilweise in Zelten leben mussten, behandelte man entsprechend der nationalsozialistischen Ideologie besonders schlecht, so dass viele starben, Fotografien Anfang der 1940er Jahre.

Sowjetische Kriegsgefangene auf dem Weg zu ihrem Arbeitseinsatz. Außer den Offizieren wurden alle Kriegsgefangenen zur Arbeit herangezogen und teilweise von den Firmen in eigenen Barackenlagern untergebracht, Fotografie Anfang der 1940er Jahre.

körperlichen Arbeit und der schlechten Ernährung seit ihrer Gefangennahme. Eine eigene Abteilung der Nürnberger Gestapo sonderte unter den Offizieren der Roten Armee alle irgendwie verdächtig erscheinenden Personen aus. Man transportierte diese zum KZ Dachau, wo sie sofort auf dem dortigen SS-Schießplatz ermordet wurden. Neben den polnischen Kriegsgefangenen (ab 1939) und den sowjetischen (ab 1941) waren in Langwasser unter anderem belgische und französische (1940/41), ab 1943/44 italienische und schließlich 1945 amerikanische Soldaten und Offiziere interniert. Am 17./18. April 1945 befreite die US Army die Kriegsgefangenen. Das Lagergelände diente nun den amerikanischen Besatzungsbehörden als Internierungslager für Deutsche, die der Mitschuld an nationalsozialistischen Verbrechen verdächtigt und im Rahmen des automatischen Arrests von den Amerikanern festgehalten und überprüft wurden. Generäle, führende Politiker und viele andere waren in Langwasser untergebracht. Erst 1949 wurde das Internierungslager aufgelöst.

Auch in der späteren Nachkriegszeit mit ihrem Wohnungsmangel blieben die Baracken nicht leer stehen, sondern wurden als »Wohnsiedlung Nürnberg-Langwasser« von Flüchtlingen und Vertriebenen bewohnt. Eine zweite Wurzel des späteren Stadtteils war ein Lager für Displaced Persons (DPs) – darunter viele Menschen aus Osteuropa –, die ihre Heimat verloren hatten und nun eine neue Perspektive und einen neuen Platz zum Leben suchten. Das nach einer baltischen Grenzstadt benannte »Valka-Lager« befand sich ab 1946 ebenfalls auf einem Teil des ehemaligen Lagergeländes. Zeitweise waren in der später als »Bundessammellager für Ausländer« bezeichneten Einrichtung 4.500 Menschen untergebracht. 1960 wurde das Lager vollständig aufgelöst. Das daraus hervorgegangene Bundesamt für Migration ist nach mehreren Jahrzehnten im benachbarten Zirndorf heute wieder in Nürnberg ansässig.

Von Seiten der Stadt Nürnberg und ihres Wohnungsunternehmens wbg bestand angesichts der Wohnungsnot ein starkes Interesse daran, das ehemalige Lagerareal als Wohnquartier

Das Lagergelände in Langwasser wurde zwischen 1945 und 1960 als Internierungslager, Lager für Displaced Persons, Flüchtlingslager und als »Bundessammellager für Ausländer« genutzt, Fotografie Ende der 1950er Jahre.

Die ersten Bewohner des neuen Stadtteils Langwassers mussten sich noch in den stehengebliebenen Baracken des Lagergeländes einrichten. Bis 1960 lebten in der »Wohnsiedlung Nbg. Langwasser« schlesische Flüchtlinge und Heimatvertriebene, Postkarte 1950er Jahre.

umzunutzen. Nach langwierigen Verhandlungen konnte schließlich 1957 der Startschuss für den neuen Stadtteil Langwasser gegeben werden. Nach und nach wurden die verschiedenen Zonen des ehemaligen Lagergeländes bebaut – zum Teil in anspruchsvoller Architektur und nach zeitgenössisch als vorbildlich angesehenen städtebaulichen Konzepten. Langwasser entwickelte sich zu Nürnbergs größtem Stadtteil, dessen Bebauung noch immer nicht abgeschlossen ist.

Die Grundsteinlegung für den Stadtteil Langwasser am 29. März 1957 markierte den Beginn der größten Stadterweiterung Nürnbergs mit heute circa 35.000 Bewohnern, Fotografie 1957.

INFOTAFELN
13 15 16 23

Bauten im Umfeld

Infrastruktur und Logistik

Die 1937 eröffnete Kraft-durch-Freude (KdF)-Stadt bestand aus fünf großen hölzernen Hallen, deren größte die »Frankenhalle« war; insgesamt fassten sie 7.500 Personen. Als fester Programmpunkt der Reichsparteitage wurde hier ein Volksfest mit Bierzeltatmosphäre geboten, Fotografie 1937.

Im näheren und weiteren Umfeld des Reichsparteitagsgeländes verweist bis heute eine Vielzahl von baulichen Relikten auf die umfangreiche Infrastruktur, die im Zusammenhang mit den Reichsparteitagen entstand.

Damit die Reichsbahn den Transport der Massen von Teilnehmern und Zuschauern aus ganz Deutschland bewältigen konnte, wurde der Bahnhof Märzfeld als »Lagerbahnhof« für die Teilnehmer errichtet. Zusätzlich wurden die Bahnhöfe Dutzendteich, Fischbach und Zollhaus aus- und umgebaut. So konnten 1938 700.000 Zuschauer in planmäßigen Zügen und 560.000 Teilnehmer in Sonderzügen nach Nürnberg gebracht werden. Mit der vierspurig ausgebauten und verlängerten Regensburger und Münchener Straße wurde das Gelände im Osten und Westen auch an das neugeschaffene Autobahnnetz angeschlossen.

Die einfachen Teilnehmer wurden vor allem in riesigen Zeltlagern untergebracht, an deren Stelle sich heute der Stadtteil Langwasser befindet. Für »Ehrengäste des Führers« aus dem In- und Ausland entstand am Bahnhofsplatz ein eigenes NSDAP-Gästehaus. An der Regensburger Straße errichtete die Deutsche Arbeitsfront für die am Bau des Geländes beteiligten Arbeiter ein Lager

Im August 1942 wurde die KdF-Stadt bei einem Bombenangriff vollständig zerstört. Heute befindet sich hier das Vereinsgelände des 1. FC Nürnberg an der Valznerweiherstraße, Postkarte 1938.

Massenandrang am 1934 erweiterten Bahnhof Dutzendteich. In dem inzwischen stillgelegten Bahnhof befindet sich heute eine Gaststätte, Fotografie 1934.

Das nach einem Entwurf Albert Speers erbaute Umspannwerk an der Regensburger Straße diente der Stromversorgung des Geländes und ermöglichte den Lichtdom. Das Gebäude beherbergt heute die Filiale einer Fast-Food-Kette, Fotografie 1937.

Heute befindet sich in dem weitläufigen Komplex der Arbeiterunterkünfte der DAF an der Regensburger Straße unter anderem ein städtisches Altersheim, das August-Meier-Heim, Fotografie 1937.

1936 wurde neben dem Grand Hotel am Bahnhofsplatz das NSDAP-Gästehaus mit 142 Betten für die »Ehrengäste des Führers« aus dem In- und Ausland eröffnet, Fotografie 1937.

Die 1939 fertiggestellte Kaserne an der Bayernstraße diente als SS-Unterkunft und war eine der größten Kasernenbauten der Nationalsozialisten. Nach jahrzehntelanger Nutzung durch die US-Armee ist in dem weitläufigen Gebäudekomplex seit 1996 das Bundesamt für Migration und Flüchtlinge untergebracht, Luftbild 2001.

mit 14 großen Unterkunftsgebäuden sowie einem Saal- und Küchenbau für nahezu 2.500 Personen.

Nicht mehr erhalten ist die ehemalige KdF-Stadt auf dem heutigen Trainingsgelände des 1. FC Nürnberg an der Valznerweiherstraße. In hölzernen Folklorehallen, die ursprünglich für die Olympiade 1936 in Berlin gebaut und dann nach Nürnberg geschafft worden waren, konnten sich die Reichsparteitagsteilnehmer in ihrer knapp bemessenen Freizeit bei volkstümlichen Veranstaltungen mit Volksfest- und Bierzeltatmosphäre organisiert vergnügen.

1939 wurde schließlich die als »Einfallstor zum Reichsparteitagsgelände« gefeierte SS-Kaserne an der heutigen Bayernstraße bezogen. Für die monumentale Architektur der riesigen Anlage, die der Bevölkerung die Herrschaftsverhältnisse im Staat vor Augen führte, zeichnete der Architekt Franz Ruff verantwortlich. Nach 1945 diente die Anlage jahrzehntelang der US-Armee als Kaserne. Seit 1996 ist sie nach grundlegendem Umbau Sitz des Bundesamtes für Migration und Flüchtlinge.

INFOTAFEL
20

Bahnhof Märzfeld

Letzte Station vor dem Vernichtungslager

Vom Bahnhof Märzfeld aus organisierte die Gestapo zwei Deportationen von Juden aus Nürnberg und Nordbayern in die Konzentrationslager Jungfernhof und Izbica. Nur wenige der nahezu 2.000 Menschen überlebten. Im Hintergrund des Bildes sind einige Türme des Märzfeldes zu erkennen, Fotografie 1941.

Der ehemalige Bahnhof Märzfeld liegt abseits der großen Relikte des Reichsparteitagsgeländes und ist zweifellos einer der bedrückendsten Orte auf dem Areal. Der für große Menschenmassen konzipierte Bahnhof mit einer sechzig Meter langen Unterführung, über welche man zu den acht Bahnsteigen gelangte, wurde 1938 zum ersten und letzten Mal bei einem Reichsparteitag benutzt, jedoch nie ganz fertig gestellt. Erhalten blieb ein Teil der nördlichen Fassade des Hauptgebäudes; sie erinnert an die enormen Ausmaße, die der Bahnhof einmal haben sollte. Seit Jahren schon aufgelassen, wächst das Gelände langsam zu und verfällt nach und nach.

Der 1938 eröffnete Bahnhof Märzfeld sollte Teilnehmern der Reichsparteitage und Zuschauern die Zufahrt zum Lagergelände im Südosten Nürnbergs und zum Märzfeldgelände ermöglichen. Er war bis Kriegsbeginn nur teilweise fertiggestellt. Heute existieren noch einige Fassadenteile, Treppenaufgänge und Bahnsteige, Fotografie des Baumodells 1938.

Der Bahnhof Märzfeld und ein unweit gelegenes Barackenlager waren Schauplatz für zwei Deportationen von Juden in die Konzentrationslager Osteuropas. Die beiden Deportationen am 29. November 1941 und 24. März 1942 führten fast 2.000 Menschen in den Tod. Organisiert vom Höheren SS- und Polizeiführer Benno Martin, der die ganze Sache möglichst unauffällig über die Bühne gehen lassen wollte, wurde der Anschein erweckt, als gäbe es tatsächlich noch eine Überlebenschance. Zwar nahmen die deutschen Behörden den Juden alle Wertsachen ab und teilten ihnen ihre vollständige Enteignung mit, aber immerhin konnten sie Gepäck und Lebensmittel mit in den Zug nehmen. Selbst alte und kranke Menschen mussten ihr Gepäck mehrere Kilometer vom Sammellager in Langwasser bis zur Einsteigestelle in der Nähe des Bahnhofs Märzfeld schleppen, wurden dabei gefilmt, fotografiert und von den Wachposten verhöhnt. Von den 940 Nürnberger Juden beider Transporte überlebten nur 17.

Auch die Zehntausende im Kriegsgefangenenlager Langwasser eingesperrten Soldaten kamen zumeist mit dem Zug am Bahnhof Märzfeld an.

Riefenstahl und Speer

Zwei Karrieren

Ein Markenzeichen von Leni Riefenstahls innovativer Regietechnik waren ungewöhnliche Kamerapositionen, wie dieser eigens an einem Fahnenmast montierte Aufzug auf dem Luitpoldhain zeigt. Ihre »Dokumentarfilme« wirkten dadurch immer ästhetisierend, Fotografie 1934.

Der rasante Aufstieg von Leni Riefenstahl und Albert Speer im »Dritten Reich« verlief nach ähnlichem Muster. Beide machten früh Karriere, besaßen kein Parteibuch und standen durch ihre Funktion als eine Art künstlerische Sonderbeauftragte Hitlers außerhalb aller üblichen Befehlshierarchien. Zudem war ihr Aufstieg jeweils eng mit den Reichsparteitagen verknüpft. Die Schauspielerin und Regisseurin Riefenstahl, die seit 1932 in Kontakt mit der NS-Parteispitze stand, wurde von Hitler erstmals zum Parteitag 1933 mit der Herstellung eines Filmes beauftragt. Der einstündige Streifen kam unter dem Titel »Sieg des Glaubens« einige Monate später mit beträchtlichem Propagandarummel in die Kinos. Da hier aber der SA-Chef Ernst Röhm eine prominente Stelle einnahm, wurde der Film nach dem niedergeschlagenen »Putsch« vom 30. Juni 1934 aus dem Programm genommen und im »Dritten Reich« nicht mehr gezeigt. Stattdessen sollte Riefenstahl auf dem Parteitag 1934 einen noch größeren, aufwändigeren Film drehen: Mit einem Stab von 120 Mitarbeitern und großem Budget entstand »Triumph des Willens«, der bis heute bekannteste Propagandafilm weltweit. Riefenstahl verkürzte die Parteitagswoche auf drei imaginäre Filmtage, änderte die chronologische

Bis zu ihrem Tod im Jahr 2003 behauptete Riefenstahl, sie habe nur neutral vom Parteitag berichtet, und verwies dabei unter anderem auf das Fehlen jeglichen Sprecherkommentars in ihren Filmen. In Wirklichkeit hatte sie einen Propagandafilm gedreht, der die Reichsparteitage als scheinbar perfekte Inszenierung präsentierte und mit eingängiger Marsch- und Wagnermusik unterlegte. Einzelne Szenen wurden sogar im Studio nachgedreht, Fotografie 1934 und Standbilder aus dem Film, aufgenommen im Luitpoldhain.

Speers architektonischer Stil orientierte sich an der griechischen Antike und war gleichermaßen auf Überwältigung und Erhebung des Betrachters angelegt. An der Rückseite der Zeppelintribüne wird erkennbar, wie durch die Verwendung von Natursteinen, roten Hakenkreuzfahnen und dem völligen Verzicht auf bauliche Ornamente eine Atmosphäre von Zeitlosigkeit erreicht werden sollte, Fotografie 1938.

Reihenfolge der Ereignisse und arbeitete selbst am »Hitler-Mythos« mit. So inszenierte sie schon am Beginn des Films die Ankunft des Diktators in Nürnberg als messiasähnlichen Auftritt, bei dem das Flugzeug des »Führers« sonnenumglänzt aus einer Wolkendecke nach Nürnberg einschwebt. Im Jahr 1935 drehte die Regisseurin schließlich einen dritten, nur etwa 18-minütigen Film, der unter dem Titel »Tag der Freiheit« den Auftritt der Wehrmacht beim Parteitag ebenfalls mehr glorifizierte als dokumentierte.

Albert Speer war als junger Berliner Architekturstudent ebenfalls bereits vor der Machtübernahme zu den Nationalsozialisten gestoßen. Sein erster großer Parteiauftrag bestand in der Ausschmückung der Kundgebung zum 1. Mai 1933 in Berlin. Zufrieden mit seiner Arbeit, übertrug ihm Hitler bald die Hauptverantwortung für die architektonische Gestaltung der meisten großen Aufmarschplätze im Reich und später auch für die bauliche Umgestaltung der Hauptstadt Berlin. Seit 1934 war der damals erst 29-jährige auch für das Reichsparteitagsgelände zuständig, mit Ausnahme der von Ludwig und Franz Ruff gebauten Kongresshalle. Die wichtigste Nürnberger Arbeit Speers war das Zeppelinfeld mit der großen

Tribüne, doch auch das Märzfeld und das nie begonnene Deutsche Stadion gehörten in den Aufgabenbereich des kontinuierlich wachsenden »Büros Speer«. Selbst die ornamentale Ausgestaltung einzelner Veranstaltungen oblag dem Architekten. Dies betraf nicht nur Fahnenschmuck und Lorbeerkränze an den Häuserfassaden in der Innenstadt: Auch der aus etwa 150 Flakscheinwerfern gebildete Lichtdom, der der »Weihestunde« der Politischen Leiter eine geradezu sakrale Atmosphäre verleihen sollte, war Speers Idee.

Wie im Falle Riefenstahls blieb auch Speers Rolle keineswegs auf die des unpolitischen Künstlers beschränkt: Im Frühjahr 1942 übernahm er auf Wunsch Hitlers die Leitung des Rüstungsministeriums und wurde während der letzten drei Kriegsjahre zu einem geschickten Lenker der deutschen Waffenschmieden, wobei er auch tief in die Ausbeutung zahlloser KZ-Zwangsarbeiter verstrickt war. Wegen dieser Funktion, deren volles Ausmaß allerdings gar nicht zur Sprache kam, wurde Speer 1946 im Nürnberger Kriegsverbrecherprozess zu 20 Jahren Haft verurteilt. Nach seiner Freilassung gelang ihm eine zweite Karriere als Bestseller-Autor, wobei er ähnlich wie Leni Riefenstahl eifrig an einem autobiographischen Mythos strickte, der erst in den letzten Jahren empfindliche Risse bekam.

Die Propaganda stellte Hitler gerne als inspirierten Künstler-Politiker dar, der mit seinen Skizzen die eigentlichen Ideen für die Bauten auf dem Parteitagsgelände lieferte, Fotografie um 1938.

Der Blick des Auslands

Diplomaten, Journalisten und Touristen

Aus Prestigegründen versuchten die Nationalsozialisten, möglichst viele ausländische Diplomaten als Ehrengäste zur Teilnahme am Parteitag zu bewegen. Sie wurden von Berlin aus in einem eigenen, nur aus Schlafabteilen bestehenden »Diplomatenzug« nach Nürnberg gebracht, um hier an den wichtigsten Veranstaltungen teilzunehmen, Fotografie 1937.

■ Schon bald nachdem sich das nationalsozialistische Regime innenpolitisch stabilisiert hatte, wurde das Ausland in die propagandistische Zielsetzung der Reichsparteitage mit eingeschlossen. Für den »Parteitag der Freiheit« 1935 gab Hitler erstmals eine antikommunistische Zielrichtung aus. In den folgenden Jahren versuchten die Nationalsozialisten dann von Nürnberg aus die Welt zu überzeugen, dass es für die demokratischen Staaten nur zwei Alternativen geben könne: Kommunistisches Chaos oder eine vom Faschismus getragene »Ordnung«. Nun lud das Regime auch immer mehr Ausländer zu den Parteitagen ein, um ihnen hier das »neue Deutschland« vorzuführen. Zum einen wollte man damit Multiplikatoren gewinnen, etwa Professoren, Journalisten und Oppositionspolitiker, damit diese später in ihren Heimatländern Werbung für eine Verständigung mit dem nationalsozialistischen Deutschland machten. Stark umworben wurden Persönlichkeiten aus dem öffentlichen Leben Großbritanniens, das die Nationalsozialisten als potentiellen Bündnispartner betrachteten. Zum anderen wurden manche ausländischen Besucher aus konkreten wirtschaftlichen Gründen hofiert, weil man auf den Abschluss lukrativer Handels- oder Rüstungsgeschäfte hoffte. Etwa 250 Ausländer

Als erster britischer Botschafter nahm Nevile Henderson bereits kurz nach seinem Amtsantritt am Parteitag 1937 teil. Das Bild zeigt ihn auf der Zeppelintribüne beim Appell des Reichsarbeitsdienstes neben Hermann Göring, über den er vergeblich Einfluss auf Hitlers Entscheidungen zu gewinnen versuchte, Fotografie 1938.

wurden deshalb alljährlich als »Ehrengäste des Führers« mit allen möglichen Privilegien ausgestattet: Kostenlose Anreise und Hotelunterkunft, Eintrittskarten für viele Veranstaltungen, ein Ausflugsprogramm und persönliche Zusammenkünfte mit den höchsten Parteifunktionären. Für wenige hochrangige Ehrengäste hielten die Nationalsozialisten einen besonders überwältigenden Effekt parat: In Hitlers Wagenkolonne fuhren sie eine Stunde lang durch die fanatisch jubelnde Menschenmenge, um so hautnah die angeblich bedingungslose Zustimmung der deutschen Bevölkerung zu ihrem Führer zu erleben.

Eine britische Tageszeitung karikierte Hitlers Parteitagsauftritt 1934 als Operninszenierung von Wagners Meistersingern. Während Hitler vor zufriedenen Zuschauern auf der Bühne sein »Preislied« singt, symbolisiert eine zerlumpte Gestalt hinter den Kulissen den bevorstehenden Winter mit seinen wirtschaftlichen Problemen, Daily Express 6. September 1934.

Neben den Ehrengästen reisten auch andere ausländische Besucher auf eigene Kosten nach Nürnberg, weil sie aus Neugier oder Sympathie für das Regime die Großereignisse miterleben wollten. Da der Partei ihr äußeres Erscheinungsbild besonders wichtig war, standen auch diesen Besuchern spezielle sprachkundige Führer zur Verfügung.

Die in Berlin akkreditierten ausländischen Diplomaten zu einer Reise nach Nürnberg zu bewegen, gelang den Veranstaltern in den Anfangsjahren des »Dritten Reiches« nur selten. Zunächst schickte allein das faschistische Italien seinen Botschafter, während viele andere Nationen nur unbedeutende Geschäftsträger entsendeten oder den Parteitagen ganz fernblieben.

So wie das amerikanische Wochenmagazin »Life« erlagen viele ausländische Blätter selbst der Faszination der Massenästhetik und druckten Nürnberger Propagandafotos weitgehend kritiklos ab, Life 1936.

Die britische Wochenzeitschrift »Picture Post« bezog wirkungsvoll gegen den Nationalsozialismus Stellung. Das Blatt druckte Aufnahmen der Parteiführer, die ihren Hass und ihre Aggressivität erkennen ließen und von der deutschen Zensur sofort aussortiert worden wären. Sarkastisch zitierende Überschriften und Bilder antisemitischer Gewalttaten verstärkten die Botschaft, Picture Post 1938.

Dies galt besonders für die Großmächte: Noch im Sommer 1936 stellte das britische Foreign Office fest, in keinem anderen Land der Welt versuche die Regierung ausländische Diplomaten zur Teilnahme an einer Veranstaltung weit weg von der Hauptstadt zu bewegen, die »nahezu eine ganze Woche der Abwesenheit in einer obskuren Provinzstadt« erfordere. Im Zuge der Appeasement-Politik sollte sich dies aber bald ändern. Schon am Parteitag 1937 nahmen nun auch die Botschafter Frankreichs und Englands teil, ein Jahr später sogar der der USA.

Wie die ausländischen Besucher und Medienberichterstatter das in Nürnberg Gesehene beurteilten, hing meist von ihrer bereits vorher gefassten politischen Meinung ab. Zwar sahen manche in der Arbeitsdienstpflicht eine nachahmenswerte Einrichtung, und viele waren vom Jubel der Massen genauso beeindruckt wie von den Inszenierungen. Doch den überall spürbaren Geist von Fanatismus, Rassenhass und Aufrüstung sahen die meisten ausländischen Besucher mit Skepsis und durchaus realistisch als Vorboten eines kommenden Krieges.

Das Gelände nach 1945

Schwieriges Erbe

Schon in den 1970er Jahren wurde die Zeppelinwiese zum Schauplatz von Konzerten. Den denkbar größten Gegensatz zur nationalsozialistischen Veranstaltungsästhetik bildete ein Auftritt Bob Dylans: Die Bühne stand hier gegenüber der Zeppelintribüne, so dass viele der 70.000 Zuschauer von oben einen guten Blick auf das Geschehen hatten. Auch in Kleidung und Auftreten distanzierte sich diese Generation deutlich vom uniformierten Einheitsstaat des »Dritten Reichs«, Fotografie 1978.

Die Einnahme Nürnbergs durch die US-Armee am 20. April 1945 stellte die weitgehend zerstörte »Stadt der Reichsparteitage« vor neue Herausforderungen. Zwischen Wiederaufbau und Entnazifierung versuchten viele, die jüngste Vergangenheit nach Möglichkeit zu verdrängen. Eine aktive Auseinandersetzung mit den bis 1949 stattfindenden Nürnberger Prozessen passte dabei genauso wenig ins Konzept wie die Beschäftigung mit den architektonischen Hinterlassenschaften auf dem Gelände beim Dutzendteich. So wurde die Luitpoldarena einfach wieder in ihren früheren Zustand als Park zurück versetzt, während man für die Kongresshalle verschiedene Nutzungsvorschläge als Stadion oder Einkaufszentrum prüfte. Historische Information suchte man hier hingegen zunächst genauso vergeblich wie rund um die Zeppelintribüne, wo nun Konzerte oder Autorennen stattfanden und sich Freizeitsportler ihre Übungsflächen suchten. Als die Stadt im Jahr 1985 erstmals die kleine Ausstellung »Faszination und Gewalt« im Inneren der Zeppelintribüne einrichtete, wurde das große Interesse der Öffentlichkeit an der Geschichte des Parteitagsgeländes deutlich. Doch die Ausstellung blieb jahrelang ein unterfinanziertes Provisorium und musste wegen fehlender Heizmöglichkeiten in

Noch lange nach dem Krieg nutzte die US-Armee das ehemalige Parteitagsgelände: Bis 1968 diente die Große Straße als Start- und Landebahn; die Sportplätze auf dem Zeppelinfeld wurden erst Anfang der 1990er Jahre an die Stadt Nürnberg zurück gegeben, Fotografie 1960er Jahre.

Mehrere Konzepte für eine alternative Nutzung des Torsos der Kongresshalle wurden erwogen, unter anderem die Umwandlung in ein Fußballstadion. Mit Hilfe eines Architekturmodells versuchte sich der Stadtrat vor Ort einen Eindruck zu verschaffen, Fotografie 1955.

den Wintermonaten stets schließen. Regelmäßige historische Rundgänge über das Gelände bot zunächst nur der Verein »Geschichte Für Alle« an und erreichte damit eine beträchtliche Zahl einheimischer und auswärtiger Besucher. Erst im Zuge des Gedenkjahres 1995 kam ein öffentlicher Diskussionsprozess über die Notwendigkeit institutionalisierter Erinnerungsarbeit in Gang, in dessen Folge schließlich im Herbst 2001 das »Dokumentationszentrum Reichsparteitagsgelände« eröffnet werden konnte. Im Mai 2006 wurde zudem ein zweisprachiges Informationssystem mit 23 Bildtafeln installiert, das dem interessierten Besucher eine selbständige Erkundung des gesamten Parteitagsgeländes ermöglicht.

Die unübersehbaren baulichen Hinterlassenschaften der NS-Zeit in Nürnberg sind ein nationales Erbe. Dabei ist sich die Stadt Nürnberg bewusst, dass sie die Hauptverantwortung für das Reichsparteitagsgelände hat. 2005 verabschiedete der Stadtrat einstimmig Leitlinien zum künftigen Umgang mit dem historischen Areal und seinen Bauten: Danach verpflichtet sich die Stadt zur dauerhaften Auseinandersetzung mit dem Gelände. Ausgangspunkt für diese Leitgedanken war auch ein städtebaulicher Ideenwettbewerb vom Sommer 2001. Er hat zutage gefördert, dass es *eine* bauliche Gesamtlösung, die sowohl allen heutigen Alltagsnutzungen als auch dem historischen Erbe gerecht wird, nicht gibt.

Es wird in Zukunft darauf ankommen, die Auseinandersetzung mit dem Areal als offenen Prozess im öffentlichen Dialog zu führen. Dabei wird darauf zu achten sein, die Zeugnisse der NS-Zeit als Denkmäler und Geschichtsquellen so zu erhalten, dass nachfolgende Generationen ihre eigene Form des Umgangs finden können.

Behrenbeck, Sabine: Der Kult um die toten Helden. Nationalsozialistische Mythen, Riten und Symbole, Vierow 1996.

Brockhaus, Gudrun: Schauder und Idylle. Faschismus als Erlebnisangebot, München 1997.

Burden, Hamilton T.: Die programmierte Nation. Die Nürnberger Reichsparteitage, Gütersloh 1967.

Cancik, Hubert: »Wir sind jetzt eins«. Rhetorik und Mystik in einer Rede Hitlers (Nürnberg, 11.9.1936), in: Kehrer, G. (Hrsg.): Zur Religionswissenschaft der BRD, München 1980, S. 13-48.

Centrum Industriekultur (Hrsg.): Kulissen der Gewalt. Das Reichsparteitagsgelände in Nürnberg, München 1992.

Centrum Industriekultur (Hrsg.): Unterm Hakenkreuz. Alltag in Nürnberg 1933-1945, München 1993.

Dietzfelbinger, Eckart / Liedtke, Gerhard: Nürnberg – Ort der Massen. Das Reichsparteitagsgelände. Vorgeschichte und schwieriges Erbe, Berlin 2004.

Doosry, Yasmin: »Wohlauf, lasst uns eine Stadt und einen Turm bauen…« Studien zum Reichsparteitagsgelände in Nürnberg, Tübingen 2002.

Evans, Richard: Das Dritte Reich. Diktatur, München 2006.

Fritzsch, Robert: Nürnberg unterm Hakenkreuz. Im Dritten Reich 1933-1939, Düsseldorf 1983.

Geschichte für Alle e.V. (Hrsg.): Nürnberg-Langwasser. Geschichte eines Stadtteils, Nürnberg 1995.

Geschichte für Alle e.V. (Hrsg.): Geländebegehung. Das Reichsparteitagsgelände in Nürnberg, Nürnberg ^{4}2005.

Hambrecht, Rainer: Der Aufstieg der NSDAP in Ober- und Mittelfranken 1925 bis 1933, Nürnberg 1976.

Karow, Yvonne: Deutsches Opfer. Kultische Selbstauslöschung auf den Reichsparteitagen der NSDAP, Berlin 1997.

Kiessling, Friedrich / Schöllgen, Gregor (Hrsg.): Bilder für die Welt. Die Reichsparteitage der NSDAP im Spiegel der ausländischen Presse, Köln 2006.

Kershaw, Ian: Der Hitler-Mythos. Führerkult und Volksmeinung, Stuttgart 1999.

Loiperdinger, Martin: Rituale der Mobilmachung. Der Reichsparteitagsfilm »Triumph des Willens« von Leni Riefenstahl, Opladen 1987.

Maier, Hans (Hrsg.): Wege in die Gewalt. Die modernen politischen Religionen, Frankfurt a.M. 2000.

Mosse, George L.: Die Nationalisierung der Massen. Politische Symbolik und Massenbewegungen in Deutschland von den Befreiungskriegen bis zum Dritten Reich, Frankfurt a.M. 1976.

Müller, Arndt: Geschichte der Juden in Nürnberg 1146-1945, Nürnberg 1968.

Ogan, Bernd / Weiß, Wolfgang W. (Hrsg.): Faszination und Gewalt. Zur politischen Ästhetik des Nationalsozialismus, Nürnberg 1992.

Reiche, Eric G.: The development of the SA in Nürnberg, 1922-1934, Cambridge 1986.

Reichel, Peter: Der schöne Schein des Dritten Reiches. Faszination und Gewalt des Faschismus, Wien 1991.

Reimers, Karl Friedrich: Die Reichsparteitage als Instrument totaler Propaganda. Appell, Feier, Kult, Magie, in: Zeitschrift für Volkskunde 75 (1979), S. 216-228.

Schmidt, Alexander: Kultur in Nürnberg 1918-1933. Die Weimarer Moderne in der Provinz, Nürnberg 2005.

Thamer, Hans-Ulrich: Faszination und Manipulation. Die Nürnberger Reichsparteitage der NSDAP, in: Schulz, Uwe (Hrsg.): Das Fest. Eine Kulturgeschichte von der Antike bis zur Gegenwart. München 1988, S. 352-368.

Urban, Markus: Die Konsensfabrik. Funktion und Wahrnehmung der NS-Reichsparteitage, 1933-1941 (in Vorbereitung).

Wilson, William John: Festivals and the Third Reich, Hamilton 1994.

Wunder, Thomas: Das Reichsparteitagsgelände in Nürnberg. Entstehung, Kennzeichen, Wirkung. Eine Einführung zur Begehung des Reichsparteitagsgeländes, Nürnberg 1984.

Zelnhefer, Siegfried: Die Reichsparteitage der NSDAP. Geschichte, Struktur und Bedeutung der größten Propagandafeste im nationalsozialistischen Feierjahr, Nürnberg ^{2}2002.

A **Dokumentationszentrum**
Bayernstraße 110

B **Kongresshalle**
Umgang und Innenhof

C **Große Straße**
Volksfestplatz bis Karl-Schönleben-Straße

D **Deutsches Stadion**
Silbersee/ Silberbuck

E **Städtisches Stadion**
Max-Morlock-Platz

F **Zeppelinfeld**
Beuthener Straße

G **Luitpoldarena**
Luitpoldhain, An der Ehrenhalle

H **Märzfeld**
Langwasser, Am Langwassersee

I **Bahnhof Märzfeld**
Langwasser, Thomas-Mann-Straße

J **Lagergelände**
Langwasser